GO»
AHEAD

REALSCHULE BAYERN

Vokabeltaschenbuch

10

Cornelsen

Go Ahead · Realschule Bayern
Band 10

Vokabeltaschenbuch

Erarbeitet von
Ingrid Raspe, Düsseldorf

Layoutkonzept
designcollective, Team für Mediengestaltung, Berlin
finedesign, Büro für Text & Gestaltung, Berlin

Layout und technische Umsetzung:
Straive, Chennai

Umschlaggestaltung
Cornelsen Verlag Design unter Verwendung der Entwürfe von hawemannundmosch, Berlin

www.cornelsen.de

1. Auflage, 1. Druck 2022

Alle Drucke dieser Auflage sind inhaltlich unverändert und können im Unterricht nebeneinander verwendet werden.

Druck: Athesiadruck GmbH, Bozen

ISBN 978-3-06-033881-8

PEFC
PEFC/04-31-1156

PEFC zertifiziert
Dieses Produkt stammt aus nachhaltig bewirtschafteten Wäldern und kontrollierten Quellen.

www.pefc.de

Quellenverzeichnis

Titelbild
Shutterstock.com / Fabio Principe

Illustrationen
Cornelsen / Jeongsook Lee **(S. 31 oben)**

Bilder
Adobestock (**S. 4:** Shutterstock.com / Maxx-Studio; **S. 67:** stock.adobe.com / James Ser; **S. 68 oben:** stock. adobe.com / radiokafka; **2. v. oben:** stock.adobe.com / rilueda); **NASA** (**S. 92:** NASA/NOAA/DSCOVR); **Shutterstock** (**S. 4:** Shutterstock.com / Maxx-Studio; **S. 7:** Shutterstock.com / spline_x; **S. 11:** Shutterstock.com / Julia Waller; **S. 12 oben:** Shutterstock.com / Brian A Jackson; **unten:** Shutterstock.com / Chansom Pantip; **S. 14:** Shutterstock.com / Hanasaki; **S. 15:** Shutterstock.com / BNP Design Studio; **S. 16 oben:** Shutterstock.com / ylq; **Mitte:** Shutterstock.com / ylq; **unten:** Shutterstock.com / ylq; **S. 18 oben:** Shutterstock.com / benchart; **unten:** Shutterstock.com / Eric Isselee; **S. 21:** Shutterstock.com / Perfect Vectors; **S. 22:** Shutterstock.com / BNP Design Studio; **S. 23:** shutterstock.com / Doppelganger4; **S. 26:** Shutterstock.com / Yayayoyo; **S. 28:** Shutterstock.com / studioworkstock; **S. 29:** Shutterstock.com / Kuttelvaserova Stuchelova; **S. 31 unten:** Shutterstock.com / Maryna Kozhyna; **S. 32 oben:** Shutterstock.com / aslan ozcan; **unten:** Shutterstock.com / Ihor Biliavskyi; **S. 33:** Shutterstock.com / Alex Kravtsov; **S. 36:** Shutterstock.com / AmySachar; **S. 37:** Shutterstock.com / matimix; **S. 39 oben:** Shutterstock.com / simoly; **unten:** Shutterstock.com / Shaun Jeffers; **S. 42:** Shutterstock.com / Popartic; **S. 43 oben:** Shutterstock.com / KanKhem; **unten:** Shutterstock.com / Lesterman; **S. 44 oben:** Shutterstock.com / Fotinia; **unten:** Shutterstock.com / Mariia Boiko; **S. 48:** Shutterstock.com / Doug Lemke; **S. 50 oben:** Shutterstock.com / Andrey_Popov; **unten:** Shutterstock.com / Marina Biryukova; **S. 51 oben:** Shutterstock.com / David Tran Photo; **unten:** Shutterstock.com / TanyaLovus; **S. 52:** Shutterstock.com / Maridav; **S. 57:** Shutterstock.com / Maxx-Studio; **S. 59:** Shutterstock.com / FootMade0525; **S. 62:** Shutterstock.com / UncleFredDesign; **S. 63:** Shutterstock.com / Szasz-Fabian Jozsef; **S. 65:** Shutterstock.com / Halfpoint; **S. 66:** Shutterstock.com / Peter Wollinga; **S. 68 2. v. unten:** Shutterstock.com / hxdbzxy; **unten:** Shutterstock.com / Mushiii; **S. 69:** Shutterstock.com / Volodymyr Burdiak; **S. 72 oben:** Shutterstock.com / Adam Wasilewski; unten: Shutterstock.com / Erica Finstad; **S. 73:** Shutterstock.com / Halfpoint; **S. 75:** Shutterstock.com / L Julia; **S. 76:** Shutterstock.com / fizkes; **S. 77 oben:** Shutterstock.com / Giovanni Rinaldi; **unten:** Shutterstock.com / Iris vector; **S. 79 oben:** Shutterstock.com / maayadesign; **S. 79 unten:** Shutterstock.com / robert_s; **S. 83:** Shutterstock.com / Ljupco Smokovski; **S. 85:** Shutterstock.com / Aluna1; **S. 86:** Shutterstock.com / DesignRage; **S. 87:** Shutterstock.com / Kitty Bern; **S. 88:** Shutterstock.com / FANDESIGN; **S. 89 oben:** Shutterstock.com / sumberarto; **unten:** Shutterstock.com / Aleksandrs Samuilovs; **S. 90:** Shutterstock.com / Alesia.B; **S. 93:** Shutterstock.com / aslysun; **S. 97 oben:** Shutterstock.com / Gorodenkoff; **unten:** Shutterstock.com / MIKHAIL GRACHIKOV; **S. 98:** Shutterstock.com / TungCheung; **S. 99 oben:** Shutterstock.com / Ellyy; **unten:** Shutterstock.com / Katrina Elena; **S. 100 oben:** Shutterstock.com / Photo Melon; **unten:** Shutterstock.com / Cuson; **S. 101:** Shutterstock.com / urfin; **S. 102:** Shutterstock.com / zef art; **S. 104:** Shutterstock.com / H_Ko; **S. 105 oben:** Shutterstock.com / Ju PhotoStocker; **unten:** Shutterstock.com / Arcansel; **S. 107:** Shutterstock.com / cosma; **S. 108:** Shutterstock.com / klyaksun; **S. 110:** Shutterstock.com / Peera_stockfoto)

Das **Vocabulary** enthält alle neuen Wörter und Wendungen des Buches, die du lernen musst. Sie stehen in der Reihenfolge, in der sie im Buch zum ersten Mal vorkommen.

Hier siehst du, wie das Vocabulary aufgebaut ist:

Diese Zahl gibt die **Seite** an, auf der die Wörter zum ersten Mal vorkommen. p. 42 = Seite 42

Das rote **Warnschild mit Ausrufezeichen** bedeutet: Vorsicht, hier kannst du leicht Fehler machen!

Die Lautschrift zeigt dir, wie ein Wort ausgesprochen wird. Eine Übersicht über die Lautschriftzeichen findest du auf Seite 243.

pp. 42/43	**gap** [gæp]	Lücke, Abstand	⚠	The horses escaped through a **gap** in the fence. Fill in the **gaps** with the right verb from the box. **gap year** = Brückenjahr, ein Jahr Auszeit *(oft zwischen Schulabschluss und Beginn des Studiums)* **gapper** = junger Mensch im *gap year*
	au pair [əʊ 'peə]			Want to live with a family in a foreign country? Learn the language? You'd get paid for helping in the house and looking after children. Then contact us and become an **au pair** for a year!
	(to) **tidy** (sth.) **up**	(etwas) aufräumen		I can't find anything in my room any more ... time to **tidy up**!
	(to) **iron** ['aɪən]	bügeln	⚠	*verb:* (to) **iron** – *noun:* **iron** (Bügeleisen; Eisen) **do the ironing** = bügeln Aussprache – das „r" wird nicht gesprochen: **iron** ['aɪən] 
	(to) **manage** ['mænɪdʒ]	verwalten, regeln		My brother is too young to **manage** his own money.
	(to) **budget** ['bʌdʒɪt]	haushalten *(sparsam sein)*	⚠	*verb:* (to) **budget** – *adjective:* **budget** (preisgünstig, Billig-) – *noun:* **budget** (Etat, Budget) **on** a **budget** of 3 billion = mit einem Budget von 3 Milliarden

I run out of money.		**(to) run out (knapp werden; zu Ende gehen)** **Time is running out.** (Die Zeit wird knapp.) **We're running out of time.** (Wir haben keine Zeit mehr.) **It was so hot that the shops ran out of cold drinks.** (..., dass den Geschäften die kalten Getränke ausgingen.)
(to) **overspend (on sth.)** [əʊvə'spend], **overspent, overspent** [əʊvə'spent]		(to) spend too much money (to) **overspend** ◄► (to) **budget**
heating ['hiːtɪŋ]		*nouns:* **heating** (Heizung) / **heat** (Hitze, Wärme) – *verb:* (to) **heat** (erwärmen, erhitzen) – *adjective:* **hot**
Yippee! [jɪ'piː]	Hurra!	You say/shout "**Yippee!**" when you're very pleased or
I can't wait!		
term [tɜːm]		
(to) **make up your mind**	sich entscheiden, sich entschließen	►► (to) make a decision I can never **make up my mind** about what I want to do. = I often change my mind about what I want to do.

Die orangen Kästen solltest du dir immer besonders gut ansehen. Dort stehen wichtige Hinweise zu den neuen Wörtern.

Dies ist das Gegenteil-Zeichen: (to) **overspend** ◄► (to) **budget** bedeutet: „(to) **overspend** ist das Gegenteil von (to) **budget**"

Dies ist das Zeichen für ein Synonym: ►► (to) **make a decision** bedeutet: „(to) **make a decision** ist ein Synonym von (to) **make up your mind**"

Im **Vocabulary** werden folgende Abkürzungen und Symbole verwendet:
p. = *page* (Seite) • *sb.* = *somebody* (jemand) • *AE* = *American English* • *BE* = *British English*
sth. = *something* (etwas) • *pl* = *plural* (Mehrzahl) • *no pl* = es gibt das Wort nicht in der Mehrzahl

Unit 1 – A diverse nation

pp. 10/11	**diverse** [daɪ'vɜːs]	unterschiedlich, vielfältig	*adjective:* **diverse** – *noun:* **diversity**
	society [sə'saɪəti]	Gesellschaft	*noun:* **society** – *adjective:* **social**
	apartheid [ə'pɑːtaɪt]	Apartheid *(früheres System der Trennung zwischen Weißen und Schwarzen in Südafrika)*	Under **apartheid** in South Africa only white people had full political rights.
	relation [rɪ'leɪʃn]	Beziehung, Verhältnis; Bezug	Any more questions **in relation to** this issue? Fewer people are unemployed **in relation to** the population. *noun:* **relation** What's the **relation** between the chart and the text? *verb:* (to) **relate to** sth. [rɪ'leɪt] (sich auf etwas beziehen) How does the chart **relate to** the text?; (to) **relate** sth. **to** sth. (etwas mit etwas in Zusammenhang bringen; etwas zu etwas in Beziehung setzen) Can you **relate the text to** your own experience?

the pros and cons *(pl)* [prəʊz ənd 'kɒnz]	das Pro und Kontra; das Für und Wider	What are **the pros and cons** (= the reasons for and against) buying a new car now?
reserve [rɪ'zɜːv]	Schutzgebiet	an area which is protected for wildlife
facet ['fæsɪt]	Facette	⚠ Betonung auf der 1. Silbe: facet ['fæsɪt]
rainbow ['reɪnbəʊ]	Regenbogen	
lingua franca [lɪŋgwə 'fræŋkə]	Lingua Franca *(Verkehrssprache)*	English is a **lingua franca** in many parts of the world.
non- [nɒn]	Nicht-; nicht-	**non-**white(s), a **non-**stop flight

Text 1

p. 12 (to) **weigh heavily on** sb./sb.'s **shoulders**	schwer lasten auf jm. / auf js. Schultern	⚠ special meanings of (to) **weigh**: • (to) **weigh heavily on** sb./sb.'s shoulders • (to) **weigh** (the pros and cons) ((das Für und Wider) abwägen)
optimistic [ɒptɪ'mɪstɪk]	optimistisch	

p. 12

adjectives:	☺	☹	
optimistic	optimistisch	**pessimistic** [pesɪ'mɪstɪk]	pessimistisch
nouns:			
optimism ['ɒptɪmɪzəm]	Optimismus	**pessimism** ['pesɪmɪzəm]	Pessimismus
(person:)			
optimist ['ɒptɪmɪst]	Optimist/in	**pessimist** ['pesɪmɪst]	Pessimist/in

beyond [bɪ'jɒnd]	jenseits, außerhalb, weiter als	I can tell you his name, but **beyond** that I don't know much about him.
(to) **agree (on)** sth.	etwas vereinbaren, absprechen, sich einigen auf etwas; sich einig sein	*verb:* (to) **agree (on)** My friends and I **agreed** that we would use this text for our presentation. = I **agreed with them** that we would use this text. = We **agreed on** this text. – *noun:* **agreement** [ə'griːmənt] (Vereinbarung, Absprache; Einigung) We **reached an agreement**. (= eine Vereinbarung treffen, eine Einigung erzielen)
people **of colour**	nicht-weiße Menschen	people who are not white
phenomenon [fə'nɒmɪnən], *pl* **phenomena** [fə'nɒmɪnə]	Phänomen, Erscheinung ⚠	Betonung auf der 2. Silbe: phe**no**menon [fə'nɒmɪnən]

(to) **fix sth.** *(infml)* [fɪks]	etwas in Ordnung bringen; reparieren	**Fix** your hair! It looks terrible. A problem with your bike? I can **fix** it.
wrong	Unrecht	Teach your children the difference between **right** and **wrong**. (Recht und Unrecht) *adjectives:* **wrong ◄► right** – *nouns:* **wrong ◄► right**
reform [rɪ'fɔːm]	Reform	*noun:* **reform** – *verb:* (to) **reform** (reformieren; (sich) ändern)
youth [juːθ]	Jugend; Jugendlicher	**1.** the time when you're young; **2.** a young man
growth [grəʊθ]	Wachstum	*noun:* **growth** Too much water will stop the plant's **growth**. – *verb:* (to) **grow**, **grew**, **grown** The plant will stop **growing**.
educational [edʒu'keɪʃənl]	Erziehungs-, Bildungs-	relating to **education**
corruption [kə'rʌpʃn]	Korruption, Bestechlichkeit	*noun:* **corruption** – *adjective:* **corrupt** [kə'rʌpt] (korrupt, bestechlich)
entrepreneur [ɒntrəprə'nɜː]	Unternehmer/in	►► businessman/businesswoman
qualification [kwɒlɪfɪ'keɪʃn]	(Schul-)Abschluss, Qualifikation	*noun:* **qualification** What **qualifications** do you need for this job? – *verb:* (to) **qualify** ['kwɒlɪfaɪ] ((sich) qualifizieren) Pete's Pasta Place is looking for a **qualified** cook.

	diploma [dɪ'pləʊmə]	Diplom, Abschlusszeugnis	a document which shows that you have completed a part of your education
	(to) **struggle** ['strʌgl]	kämpfen, sich abmühen	I am **struggling** to understand my French homework. *verb:* (to) **struggle** – *noun:* **struggle** (Kampf; Anstrengung, Mühe)
	nanny ['næni]	Kindermädchen	I'm a **nanny**. It's my job to look after young children in their home.
p. 13	**party**	Partei; Gruppe	I'm a member of the Green **Party**. We should try to stop climate change! **party** = **1.** Partei; Gruppe; **2.** Party
	(to) **fail** [feɪl]	scheitern; (es) nicht schaffen	(to) **fail** sb. = jn. enttäuschen, im Stich lassen *verb:* (to) **fail** – *noun:* **failure** ['feɪljə] (Scheitern, Misserfolg, Fehlschlag)
	racism ['reɪsɪzəm]	Rassismus	Betonung auf der 1. Silbe: racism ['reɪsɪzəm] *nouns:* **racism**; *(person:)* **racist** ['reɪsɪst] (Rassist/in) – *adjective:* **racist** (rassistisch)
	(not) necessarily [nesə'serəli]	zwangsläufig; (nicht) unbedingt	An expensive bike is**n't necessarily** the best one for you.
	at times	zeitweise, manchmal	►► sometimes
	(to) **grasp** [grɑːsp]	verstehen, begreifen; (er)greifen	How can a person do such a thing? I find that hard to **grasp**. (begreifen) He **grasped** my hand and thanked me. (ergreifen)

township ['taʊnʃɪp]	Township *(überwiegend von Schwarzen bewohnte Siedlung in Südafrika)*	During apartheid in South Africa, black people had to live in **townships**.
largely ['lɑːdʒli]	größtenteils, überwiegend, weitgehend ⚠	►► mostly *adjective:* **large** (groß) – *adverb:* **largely**
province ['prɒvɪns]	Provinz, Bundesland ⚠	Betonung auf der 1. Silbe: **pro**vince ['prɒvɪns] *noun:* **province** – *adjective:* **provincial** [prə'vɪnʃl] (Provinz-; provinziell)
(to) **socialize (with)** ['səʊʃəlaɪz]	sich treffen (mit), unter Leute gehen	I'm lonely. I hardly ever **socialize / socialize** with friends.
(to) **wrestle (with)** ['resl]	ringen (mit), kämpfen (gegen)	**wrestling** = Ringen *(Kampfsport)* 
similarity [sɪmə'lærəti]	Ähnlichkeit, Gemeinsamkeit	**similarity** ◄► **difference** *noun:* **similarity** – *adjective:* **similar (to)**

Look at language

p. 14 **revolution** [revə'luːʃn]	Revolution ⚠	Betonung auf der 3. Silbe: revo**lu**tion [revə'luːʃn]
particular [pə'tɪkjələ]	bestimmte(r, s), spezielle(r, s)	**particularly** *or* **in particular** = insbesondere

p. 14 **transition** [træn'zɪʃn]	Übergang	the **transition** from summer to autumn 
clothing *(no pl)* ['kləʊðɪŋ]	Kleidung	*English:* **a piece of clothing** *German:* **ein Kleidungsstück** ⚠ The word **clothing** is more formal than **clothes**.
(to) **step**	treten *(einen Schritt tun)*	Please **step** closer and have a look! *verb:* (to) **step** – *noun:* **step**
inner ['ɪnə]	innere(r, s)	**inner** ◄► **outer** ['aʊtə] (äußere(r, s)) Join our yoga club and develop your **inner** strength. The **outer** walls of this old house are very thick.
(to) **twist** [twɪst]	(sich) (ver)biegen, (sich) (ver)drehen	**twisted** branches of a tree 
(to) **shuffle** ['ʃʌfl]	schlurfen; mit den Füßen scharren	I got up and **shuffled** to the kitchen to make tea. She was **shuffling** (her feet) nervously.
(to) **stamp** [stæmp]	(auf)stampfen	(to) **stamp your feet** = mit den Füßen stampfen
rhythmic ['rɪðmɪk]	rhythmisch, gleichmäßig	*adjective:* **rhythmic** – *adverb:* **rhythmically** – *noun:* **rhythm**

variation [veəri'eɪʃn]	Variante, Variation; Veränderung, Schwankung	There are several **variations** of this dish. I prefer the hot one. (Varianten) There can be quite a **variation** in temperature between down here and up on the mountains. (Schwankung)
limit ['lɪmɪt]	Grenze, Begrenzung, Beschränkung	*noun:* **limit** – *verb:* (to) **limit** sth. **(to)** (etwas beschränken, begrenzen (auf); etwas einschränken)
resistance [rɪ'zɪstəns]	Widerstand; Resistenz	*noun:* **resistance** This is an unusual plan. Don't you expect **resistance**? *verb:* (to) **resist** (widerstehen; sich widersetzen (gegen), sich wehren (gegen)) Can you **resist** checking your phone when it flashes?
(to) **shift** [ʃɪft]	(sich) verlagern; (sich) verändern; (sich) bewegen	*verb:* (to) **shift** Has people's attitude towards climate change **shifted**? – *noun:* **shift (in)** (Verlagerung (von), Wandel, Verschiebung (bei)) Has there been a **shift in** people's attitudes?
impulse ['ɪmpʌls]	Impuls	⚠ Betonung auf der 1. Silbe: impulse ['ɪmpʌls]

	(to) **respond (to)** [rɪ'spɒnd]	reagieren, antworten (auf)	*verb:* (to) **respond** I said hi, but she didn't **respond**. – *noun:* **response (to)** [rɪ'spɒns] (Reaktion, Antwort (auf)) She made no **response**. (Sie gab keine Antwort / zeigte keine Reaktion.)
p. 15	**gumboot** ['gʌmbuːt]	Gummistiefel	
	rural ['rʊərəl]	ländlich, Land-	►► relating to the **countryside**
	era ['ɪərə]	Ära, Epoche	We're lucky – we've been living in an **era** of peace for a long time in Europe.
	(to) **chain** [tʃeɪn]	anketten, fesseln *(mit Ketten)*	(to) **chain** sb./sth. **to** sth. = jn./etwas an etwas (an)ketten The men were **chained together**. (zusammengekettet) I always **chain** my bike **to** our fence. *verb:* (to) **chain** – *noun:* **chain** (Kette)
	(to) **slap** [slæp]	schlagen; knallen; klatschen	"Well done!" she said and **slapped** me on the back. He **slapped** the letter on the desk and left the office. The water **slapped** against the harbour walls.

(to) **stomp** [stɒmp]	stampfen	He's **stomping** (his feet). 
(to) **combine** [kəm'baɪn]	verbinden, kombinieren	*verb:* (to) **combine** – *noun:* **combination** [kɒmbɪ'neɪʃn] (Kombination, Verbindung)
hardship ['hɑːdʃɪp]	Not, Mühsal, harte Umstände	Life was **hard**. = Life was full of **hardships**.
celebration [selɪ'breɪʃn]	Feier	*noun:* **celebration** – *verb:* (to) **celebrate**
choreographer [kɒri'ɒgrəfə]	Choreograf/in ⚠	Betonung auf der 3. Silbe: choreographer [kɒri'ɒgrəfə]
(to) **hurry** ['hʌri]	sich beeilen; eilen	*verb:* (to) **hurry** **Hurry up!** (Beeil dich!) – *noun:* **hurry** (Eile) We're **in a hurry**! (Wir sind in Eile. / Wir haben es eilig!)

Skills training

p. 16 **game**	Wild *(Tiere, Fleisch)* ⚠	Kings in the sixteenth century ate lots of **game**. **game** = **1.** Wild; **2.** Spiel

p. 16 **habitat** ['hæbɪtæt]	Lebensraum	The natural **habitat** of the Tasmanian devil is the island of Tasmania.
rhino *(infml)* ['raɪnəʊ], *pl* **rhinos**	Nashorn	**Rhino** is short for **rhinoceros** [raɪ'nɒsərəs] (*pl* **rhinoceros** *or* **rhinoceroses**). 
leopard ['lepəd]	Leopard	Betonung auf der 1. Silbe: leopard ['lepəd] 
buffalo ['bʌfələʊ], *pl* **buffalo** *or* **buffaloes**	Büffel; Bison	 a **buffalo**
variety [və'raɪəti]	Variante, Sorte, Art	Germany is known for its many **varieties** of bread. We offer a large **variety of** vegetarian meals. **variety (of)** = Auswahl (an)
informative [ɪn'fɔːmətɪv]	informativ	Betonung auf der 2. Silbe: informative [ɪn'fɔːmətɪv] *adjective:* **informative** – *noun:* **information** – *verb:* (to) **inform** sb. (**about/of** sth.)
active ['æktɪv]	aktiv	**active** ◂ ▸ **passive** ['pæsɪv] (passiv)

... as well as ... [əz 'wel]	sowohl ... als auch ...		I have a bike **as well as** a car. = I have a bike, and I have a car **as well**. = I have a bike, and I have a car too. **as well** = auch, ebenso
initiative [ɪ'nɪʃətɪv]	Initiative	⚠	Betonung auf der 2. Silbe: i<u>ni</u>tiative [ɪ'nɪʃətɪv]
rehabilitation [riːəbɪlɪ'teɪʃn]	Rehabilitation		
(to) **nurse**	pflegen; (aus)kurieren		*verb:* (to) **nurse** – *noun:* **nurse** (Krankenpfleger/in)
(to) **return** [rɪ'tɜːn]	zurückgeben, zurückbringen		*verbs:* (to) **return** = **1.** zurückgeben, zurückbringen I need to **return** these books to the library.; **2.** zurückkehren, zurückkommen I'm looking forward to **returning** to Scotland. – *nouns:* **return** = **1.** Rückgabe You pay £5 for late **return**.; **2.** Rückkehr I'm looking forward to my **return** to Scotland.
in the wild **to the wild** [waɪld]	in der Wildnis in die Wildnis		They return the animals **to the wild**. (Sie setzen die Tiere wieder in die Wildnis aus.)
rescue ['reskjuː]	Rettung		**rescue centre** = Rettungsstation *noun:* **rescue** – *verb:* (to) **rescue** (retten)

p. 16	**circus** ['sɜːkəs]	Zirkus	
	lifelong ['laɪflɒŋ]	lebenslang	for as long as you live
	worldwide ['wɜːldwaɪd]	weltweit	►► all over the world
	radical ['rædɪkl]	radikal	their numbers have been **radically** reduced = now there are only very few left
	(to) **poach** [pəʊtʃ]	wildern, unerlaubt jagen	**poaching** = Wilderei, *(das)* Wildern
	controversial [kɒntrə'vɜːʃl]	kontrovers, umstritten	*adjective:* **controversial** – *noun:* **controversy** ['kɒntrəvɜːsi] (Kontroverse, Auseinandersetzung)
	cub [kʌb]	(Löwen-, Bären-)Junges	a **lion cub** 
	(to) **breed** [briːd]**, bred, bred** [bred]	brüten, Junge bekommen, sich vermehren; züchten; hervorrufen	Female pigs are ready to **breed** when they are five months old. (Junge bekommen) My friend's parents **breed** Irish horses. (züchten) The new policy has **bred** a lot of bad feeling. (hervorrufen)

captive ['kæptɪv]	gefangen, in Gefangenschaft		**captive breeding** = Erhaltungszucht *(die Züchtung wilder Tiere in der Gefangenschaft)* These animals are **captive-bred**. (... wurden in der Gefangenschaft gezüchtet.)
(to) **enclose** sth. **in/with** sth. [ɪn'kləʊz]	etwas (mit etwas) umgeben		High walls **enclose** the castle gardens. **enclosed** = umschlossen, eingezäunt
instinct ['ɪnstɪŋkt]	Instinkt	⚠	Betonung auf der 1. Silbe: instinct ['ɪnstɪŋkt]
(to) **profit (from)** ['prɒfɪt]	profitieren (von)		*verb:* (to) **profit (from)** – *noun:* **profit**
widespread ['waɪdspred]	(weit) verbreitet		affecting or existing in a large area or among lots of people
petition [pə'tɪʃn]	Antrag, Petition *(Unterschriftensammlung)*		*noun:* **petition** – *verb:* (to) **petition (for/against)** (beantragen; eine Petition einreichen/starten (für/gegen))
practice	Praktik, Vorgehensweise; Praxis	⚠	What is your normal **practice** for injuries like this? = How do you normally deal with injuries like this? **practice** = **1.** Praktik, Vorgehensweise; Praxis; **2.** Übung(en)
questionable ['kwestʃənəbl]	fragwürdig		(to) **question** sth. = etwas in Frage stellen sth. is **questionable** = sth. can/should be **questioned** *adjective:* **questionable** – *noun:* **question** – *verb:* (to) **question**

operator ['ɒpəreɪtə]	Betreiber/in	a tour **operator** = a company which offers and organizes tours
brutal ['bruːtl]	brutal	⚠ Betonung auf der 1. Silbe: **bru**tal ['bruːtl]
canned hunting [kænd 'hʌntɪŋ]	*Jagd auf in Gefangenschaft groß gezogene Tiere in eingezäunten Gebieten*	
p. 17 **complaint** [kəm'pleɪnt]	Beschwerde	The shop assistant listened to my **complaint** and said sorry. (to) **make a complaint (about** sth.**)** = eine Beschwerde vorbringen (über etwas), etwas beanstanden *noun:* **complaint** – *verb:* (to) **complain** (sich beschweren, sich beklagen; jammern)
air conditioning ['eə kəndɪʃnɪŋ]	Klimatisierung, Klimaanlage	**air conditioner** = Klimaanlage *(das eigentliche Gerät)*, Klimagerät
in fact [ɪn 'fækt]	tatsächlich; eigentlich, um genau zu sein	My homework wasn't hard. **In fact**, it only took me 10 minutes.
little	wenig	**much – more – most** **little – less** [les] **– least** [liːst]
		⚠ **little** = **1.** klein; **2.** wenig; **3. a little** = ein wenig, ein bisschen

circumstances *(pl)* ['sɜːkəmstənsɪz]	Umstände, Verhältnisse	Normally there's a football match here every weekend, but under these **circumstances** there won't be any matches until autumn.
partial ['pɑːʃl]	teilweise, Teil-	*adjective:* **partial** – *noun:* **part**
refund ['riːfʌnd]	Rückzahlung, (Kosten-)Erstattung	*noun:* **refund** – *verb:* (to) **refund** (sth. **to** sb.) [rɪ'fʌnd] ((jm. etwas) zurückerstatten *(Kosten)*)
receipt [rɪ'siːt]	(Kauf-)Beleg, Quittung, Kassenzettel	**false friends:** *English* **receipt** [rɪ'siːt] = *German* **Beleg, Quittung, Kassenzettel** *English* **recipe** ['resəpi] = *German* **(Koch-)Rezept**
consequence ['kɒnsɪkwəns]	Folge, Konsequenz	I've done very little for school recently. The **consequence** was that I did badly in two exams. = As a **consequence**, I did badly in two exams. (als Folge, folglich)
(to) **demand** [dɪ'mɑːnd]	fordern, verlangen	The workers **demanded** more money. *verb:* (to) **demand** – *noun:* **demand** (Forderung, Anforderung)
(to) **elaborate (**sth. **/ on** sth.**)** [ɪ'læbəreɪt]	näher ausführen; ins Detail gehen	Can you **elaborate (on)** the reasons for your decision? (näher ausführen) I've heard your opinion now, you don't need to **elaborate**. (ins Detail gehen)

prompt [prɒmpt]	Stichwort, Vorgabe	*noun:* **prompt** – *adjective:* **prompt** (prompt, unverzüglich) – *verb:* (to) **prompt** (veranlassen, hervorrufen; weiter-helfen, vorsagen)
(to) **formulate** ['fɔːmjuleɪt]	formulieren	*verb:* (to) **formulate** – *noun:* **formulation** [fɔːmju'leɪʃn] (Formulierung)

Text 2

p. 18	**comedian** [kə'miːdiən]	Komiker/in	He's a real **comedian**. 
	political [pə'lɪtɪkl]	politisch	*adjective:* **political** – *nouns:* **politics** ['pɒlətɪks] (Politik); *(person:)* **politician** ⚠ **politics** ist Singular, trotz des -s am Ende: **Politics** **is** very interesting for some people, and **it is** very boring for others.
	commentator ['kɒmənteɪtə]	Kommentator/in	

You know nouns for people ending in **-er**: driver, player, teacher, ...
But some nouns for people have the suffix **-or**:

actor *Schauspieler/in*	**conductor** *Zugbegleiter/in*	**operator** *Betreiber/in*	**survivor** *Überlebende/r*
ancestor *Vorfahr/in*	**inventor** *Erfinder/in*	**spectator** *Zuschauer/in*	**visitor** *Besucher/in*

host [həʊst]	(Radio-/TV-)Moderator/in ⚠	**host** = **1.** (Radio-/TV-)Moderator/in; **2.** Gastgeber/in
unique [ju'niːk]	einmalig, einzigartig	Our ketchup has a **unique** and special taste.
(light)-skinned [skɪnd]	(hell)-häutig	light-**skinned**, dark-**skinned** (= with light/dark skin)
(to) **take a right/left**	(nach) rechts/links abbiegen	►► (to) turn right/left
whenever [wen'evə]	wann (auch) immer	You can come and visit us **whenever** you like.
(to) **yell (at)** [jel]	(an)schreien, (an)brüllen	(to) shout loudly at sb., e.g. because you're angry 
They would yell ...	Sie schrien (früher) immer ...	

p. 18

German "früher ..." – *used to* + infinitive / *would* + infinitive

- With ***used to* + infinitive** we can talk about things that were true in the past but are not true any more:

We **used to live** in London.	Wir wohnten früher in London.
I **used to spend** lots of money on sweets.	Ich habe früher immer viel Geld für Süßigkeiten ausgegeben.

Negative statements are made with ***didn't use to ...***, questions with ***Did ... use to ...***:

He **didn't use to be** so shy.	Er war früher nicht so schüchtern.
Did you use to cry a lot when you were little?	Hast du (früher) viel geweint, als du klein warst?

- We use ***would* + infinitive (without *to*)** to talk about regular actions in the past:

Grandma **would take** us to the zoo every Sunday.	Oma ging (früher) jeden Sonntag mit uns in den Zoo. / Oma pflegte jeden Sonntag mit uns in den Zoo zu gehen.

⚠ With **wouldn't + infinitive** we can say that someone refused to do something or that something didn't work:

He knew about the plan, but he **wouldn't tell** us.	..., aber er wollte uns nichts (davon) erzählen.
Sorry we're late – the car **wouldn't start**.	... das Auto wollte nicht anspringen.

pandemonium [pændəˈməʊniəm]	Tumult, Chaos	⚠ This word has no plural: *German:* Es gab Chaos/Tumulte ... *English:* There **was pandemonium** ...
genuine [ˈdʒenjuɪn]	echt, wirklich; aufrichtig	I wonder if this document is **genuine**. (echt) She's a very **genuine** person. (aufrichtig) Was he **genuinely** interested in you? (*Adverb*, wirklich)

clue [kluː]	(Lösungs-)Hinweis; Anhaltspunkt		Nobody knows who killed the man. The police are still looking for **clues** in his house. I don't have a **clue**. / I have no **clue**. *(infml)* = Ich habe keine Ahnung. / Keine Ahnung.
face to face	von Angesicht zu Angesicht		I would rather meet her **face to face** than write to her.
homeland ['həʊmlænd]	Heimat(land); *(Südafrika:)* Homeland		the country where sb. was born Under apartheid in South Africa, a **homeland** was an area where a certain group of Black people lived.
option ['ɒpʃn]	Wahl(möglichkeit), Option		I had **no option** / **no choice but** to pay the full price. (Mir blieb nichts anderes übrig, als ... zu bezahlen.)
(to) **give** sb. **a leg up** *(infml)*	jm. einen Vorsprung verschaffen		"These tips can **give you a leg up** in your next job interview!"
comprehension [kɒmprɪ'henʃn]	Verständnis		English **comprehension** = the ability to understand English
(to) **equate** sth. **(with)** [i'kweɪt]	etwas gleichsetzen (mit)		(to) **equate with/to** sth. = einer Sache entsprechen, mit etwas gleichzusetzen sein *verb:* (to) **equate** – *noun:* **equation** [ɪ'kweɪʒn] (Gleichung; Gleichsetzung)
intelligence [ɪn'telɪdʒəns]	Intelligenz	⚠	Betonung auf der 2. Silbe: in**tel**ligence [ɪn'telɪdʒəns] *noun:* **intelligence** – *adjective:* **intelligent** [ɪn'telɪdʒənt]

	dock [dɒk]	Anklagebank	(to) **be in the dock** = auf der Anklagebank sitzen, angeklagt sein *(bei Gericht)* the man/woman **in the dock** = der/die Angeklagte
	(to) **get away (with)** (to) **get off (with)**	davonkommen (mit), durchkommen (mit)	You should tell them very clearly that what they did was wrong. Don't let them **get away** / **get off with** it! (to) **get away with murder** *(infml)* = sich alles erlauben können
	fine [faɪn]	Geldstrafe	*noun:* **fine** Don't do this! You might have to pay a **fine**. – *verb:* (to) **fine** sb. (jn. zu einer Geldstrafe verurteilen) You might be **fined**.
p. 19	**naughty** ['nɔːti]	ungezogen, frech, unartig *(z. B. Kind)*	a **naughty** kid 
	(to) **be versed in** sth. [vɜːst]	versiert in etwas sein, gute Kenntnisse von etwas haben	I was well **versed** in ... = Ich hatte gute Kenntnisse von ... / Ich kannte mich gut aus mit ...
	(to) **pick** sth. **up** [pɪk 'ʌp]	sich etwas aneignen *(Sprache/Kenntnisse)*, etwas aufschnappen	(to) **pick** sth. **up** = **1.** sich etwas aneignen *(Sprache/Kenntnisse)*, etwas aufschnappen; **2.** etwas aufheben *(vom Boden)*, etwas hochheben

upside (the head) *(AE* ['ʌpsaɪd], *infml)*	auf den Kopf, vor den Kopf		►► on(to) the head, against the head
idiot ['ɪdiət]	Idiot/in	⚠	Betonung auf der 1. Silbe: idiot ['ɪdiət]
passionate ['pæʃənət]	leidenschaftlich		(to) **be passionate about** sth. = eine Leidenschaft haben für etwas, etwas leidenschaftlich gern tun *adjective:* **passionate** – *noun:* **passion** (Leiden-schaft)
(to) **oppress** [ə'pres]	unterdrücken		(to) treat somebody in an unfair way, especially by not giving them the same freedom, rights, etc. as other people Women are still **oppressed** in some countries. *verb:* (to) **oppress** – *nouns:* **oppression** [ə'preʃn] (Unterdrückung); *(person:)* **oppressor** (Unterdrücker/in)
boundary ['baʊndri]	Grenze		Music can cross cultural **boundaries**.
(to) **handle** sth. ['hændl]	mit etwas umgehen, etwas handhaben		It'll be interesting to see how they **handle** the situation. *verb:* (to) **handle** – *noun:* **handle** ((Hand-)Griff)
(to) **navigate** ['nævɪgeɪt]	navigieren, den Weg finden (in/durch)	⚠	Betonung auf der 1. Silbe: navigate ['nævɪgeɪt] *verb:* (to) **navigate** – *noun:* **navigation** [nævɪ'geɪʃn] (Navigation)

shopkeeper ['ʃɒpkiːpə]	Ladenbesitzer/in	
fluent ['fluːənt]	fließend *(Sprache)*	able to speak, read and write a (foreign) language well
merely ['mɪəli]	nur, bloß	►► only
brief [briːf]	kurz, knapp	►► short
confusion [kən'fjuːʒn]	Verwirrung; Durcheinander; Verwechslung	*noun:* **confusion** – *verb:* (to) **confuse** [kən'fjuːz] (verwirren; durcheinanderbringen; verwechseln)
(to) **serve** [sɜːv]	servieren *(Essen, Getränke)*; *(Kundschaft)* bedienen; dienen	Who can **serve** the drinks at our party? I want to work at a pub. It must be fun to **serve** people. This could **serve as** an example. (dienen als) *verb:* (to) **serve** – *noun:* **service**
(to) **mug** sb. [mʌg]	jn. überfallen	(to) attack sb., especially in a public place, and steal things from them *verb:* (to) **mug** sb. – *noun:* **mugging** (Straßenraub)
dude *(infml)* [duːd]	Mann, Alter *(Anrede)*	Hey **dude**, you're not gonna believe this!

	incident ['ɪnsɪdənt]	Vorfall, Zwischenfall		something that happens The police are asking people about the **incident**.
	(to) **define** [dɪ'faɪn]	definieren		*verb:* (to) **define** – *noun:* **definition**
	chameleon [kə'miːliən]	Chamäleon *(Echsenart)*		
	perception [pə'sepʃn]	Wahrnehmung		the way you notice things with your senses
p. 20	**barrier** ['bæriə]	Barriere		We should have a ramp because these stairs are a **barrier** for wheelchair users.
	architect ['ɑːkɪtekt]	Architekt/in	⚠	Betonung auf der 1. Silbe: **ar**chitect ['ɑːkɪtekt]
	effort ['efət]	Anstrengung, Mühe		(to) **make an effort** = sich Mühe geben
	physical ['fɪzɪkl]	körperlich, physisch		I try to keep **physically** fit. (körperlich fit)

Skills training

p. 21	**mood** [muːd]	Stimmung, Laune		*English:* **I'm in a terrible mood** early in the morning. *German:* Frühmorgens **habe ich schlechte Laune.**
	atmosphere ['ætməsfɪə]	Atmosphäre	⚠	Betonung auf der 1. Silbe: **at**mosphere ['ætməsfɪə]

theme [θiːm]	Thema	What is the main **theme** of this play? This piece of music is a **theme** with variations.

Study skills

p. 22	**misunderstanding** [mɪsʌndə'stændɪŋ]	Missverständnis	*noun:* **misunderstanding** – *verb:* (to) **misunderstand**, **misunderstood**, **misunderstood** (missverstehen)
	(to) **clarify** ['klærəfaɪ]	klären, klarstellen	►► (to) make sth. clear(er)
	(to) **rephrase** [riː'freɪz]	umformulieren, anders ausdrücken	You don't understand? Then let me **rephrase** my point. (= repeat what I said/wrote, using different words)
	in other words	mit anderen Worten	This project didn't give us the results we expected. **In other words**, it failed.
	(to) **put** sth. *(+ Adverb)*	etwas *(auf eine bestimmte Art)* ausdrücken, formulieren	

put sth. politely/simply/... **(etwas höflich/einfach/... ausdrücken)**

I don't understand. Can you **put it more simply**?	... Kannst du es einfacher ausdrücken?
Not good. **To put it another way**, try again.	Um es anders auszudrücken, ...
The food was ... how can I **put it**? ... a bit disappointing.	Das Essen war ... wie kann ich's sagen? ...
As my brother put it, "You can't have everything."	Wie mein Bruder es ausdrückte, ...
I often find it difficult to **put my feelings into words**.	... meine Gefühle in Worten auszudrücken.

pp. 26/27	**insight (into)** ['ɪnsaɪt]	Einblick (in), Verständnis (von)	an understanding of what something is like
	format ['fɔːmæt]	Format	⚠ Betonung auf der 1. Silbe: **for**mat ['fɔːmæt]
	sheep [ʃiːp], *pl* **sheep**	Schaf; Schafe	 one **sheep** – two **sheep** 
	marine [mə'riːn]	Meeres-	**marine** life, **marine** animals, **marine** scientists a **marine** animal/plant = an animal / a plant that lives in the sea
	kiwi ['kiːwi]	Kiwi	"**Kiwi**" is also the nickname for a person from New Zealand. **kiwi fruit**, *pl* **kiwi fruit** = Kiwi(frucht) **kiwi** = **1.** Kiwi *(Vogel)*; **2.** *(infml)* Neuseeländer/in
	flightless ['flaɪtləs]	flugunfähig	A **flightless** bird is a bird that can't fly.
	icon ['aɪkɒn]	Symbol; Ikone	This fashion blogger has become a style **icon**. (Ikone) This **icon** means "Wi-Fi". (Symbol) 

peninsula [pə'nɪnsjələ]	Halbinsel	a **peninsula** 
cloud [klaʊd]	Wolke	*noun:* **cloud** – *adjective:* **cloudy** ['klaʊdi] (wolkig) 
ethnic ['eθnɪk]	ethnisch, Volks-	In some countries **ethnic** minorities are oppressed. *adjective:* **ethnic** – *adverb:* **ethnically** ['eθnɪkli] – *noun:* **ethnicity** [eθ'nɪsəti] (Ethnizität, Volkszugehörigkeit)
Pacific Islands *(pl)* [pəsɪfɪk 'aɪləndz]	Inseln im Pazifischen Ozean	**Pacific Islander** = Pazifische(r) Insulaner/in **Pacific** = pazifisch **(the) Pacific (Ocean)** = der Pazifische Ozean, Pazifik
census ['sensəs], *pl* **censuses**	Volkszählung	(to) **take/perform a census** = eine Volkszählung durchführen
Commonwealth ['kɒmənwelθ]	*Gemeinschaft der Länder des ehemaligen Britischen Weltreichs*	The **Commonwealth** is an organization of 54 countries which used to be part of the British Empire.

doubtful ['daʊtfl]	zweifelhaft, ungewiss, fraglich	(to) **be doubtful (about** sth.**)** = (an etwas) zweifeln, (hinsichtlich einer Sache) Bedenken haben *adjective:* **doubtful** – *noun:* **doubt** – *verb:* (to) **doubt**
p. 28 (to) **tackle** ['tækl]	fassen *(American Football, Rugby)*; angreifen *(Fußball etc.)*	**tackling** a player in rugby 
(to) **laugh your head off** *(infml)*	lauthals lachen, sich kaputtlachen	

Of course your head doesn't really fall off when you laugh!
Here are some more **idioms** – groups of words which have a special meaning and are often informal:

Check out our new website! (= look at, find out (more) about)	This can really **give you a leg up**. (= It can really help you.)
That's not my **cup of tea**. (= I don't like it very much.)	They **gave us a/the once-over**. (= They looked at us quickly.)
Cut out that talk! (= Stop talking like that.)	Oh no! You've **let the cat out of the bag**. (= You've told a secret.)
You can't **get away with murder**! (= You can't do whatever you want without being stopped.)	I quickly **picked up the language**. (= quickly learned the language)

p. 28	(to) **frame** [freɪm]	(ein-/um-)rahmen	*verb:* (to) **frame** – *noun:* **frame** (Rahmen; Gestell, Fahrgestell)
	cup	Pokal *(z. B. Sport)* ⚠	**World Cup** = Weltmeisterschaft **cup** = **1.** Pokal *(z. B. Sport)*; **2.** Tasse
	(to) **run deep**	tief verwurzelt sein, *(Gefühle)* tief empfunden werden	(to) be felt in a strong way; (to) have a long tradition
	integral (to) ['ɪntɪgrəl]	wesentlich (für)	an **integral** part = ein fester/wesentlicher Bestandteil
	(a)round the world [raʊnd]	rund um den Globus, überall auf der Welt	►► all over the world
	(to) **catch on**	sich durchsetzen, populär werden	►► (to) become very popular
	grassroots *(pl)* [grɑːs'ruːts]	(gesellschaftliche) Basis	**at (the) grassroots level** = an der (gesellschaftlichen) Basis
	opponent [ə'pəʊnənt]	Gegner/in	someone you fight or play against, e.g. in a match; someone you argue with
	nationwide [neɪʃn'waɪd]	landesweit, im ganzen Land	all over the country, everywhere in the country
	gear [gɪə]	Ausrüstung	You don't need a lot of **gear** to go swimming. ►► equipment

Nouns without an article:	**Nouns with an article:**
Uncountable nouns, nouns for food or material: Walking **gear/equipment** can be expensive. I love **cheese**.	*Specific meaning (e.g. with a relative clause or preposition):* **The equipment I bought** is great. How can I carry **the gear for the walk**? Where's **the cheese I bought yesterday**? **The cheese for the party** is in the fridge.
Things or people in general: **Life** can be hard.	*Specific things or people:* **The life of** a film star must be exciting. / **The life she led** was short and exciting.
Places in general / the function e.g. of a building: I go to **college** in Plymouth. The criminals went to **prison**.	*The place or building itself:* Shall we meet at **the college** around 7 pm? **The prison** was closed and the building was sold to a software company.

hub [hʌb]	Mittelpunkt, (Verkehrs-) Knotenpunkt	the central point of a place or activity; an important / a central airport, train station, etc.
gathering ['gæðərɪŋ]	Treffen, Versammlung	*noun:* **gathering** – *verb:* (to) **gather** (sammeln; (sich) versammeln)
tie	(Ver-)Bindung, Beziehung ⚠	**tie** = **1.** (Ver-)Bindung, Beziehung; **2.** Krawatte; **3.** (to) **tie** = binden, schnüren
historian [hɪ'stɔːriən]	Historiker/in	somebody who studies history and is an expert in it

importance [ɪm'pɔːtns]	Bedeutung, Wichtigkeit	*noun:* **importance** – *adjective:* **important**
psyche ['saɪki]	Psyche, Seele	Achte auf die Aussprache: ['saɪki]
tough [tʌf]	(knall)hart; zäh, robust	Rugby is a **tough** game, and rugby players are **tough** people.
mentality [men'tæləti]	Mentalität	Betonung auf der 2. Silbe: mentality [men'tæləti]
ideal [aɪ'dɪəl]	Ideal	Achte auf Betonung und Aussprache im Gegensatz zum Deutschen: [aɪ'dɪəl] *noun:* **ideal** – *adjective:* **ideal** (ideal)
original [ə'rɪdʒənl]	original, ursprünglich	*adjective:* **original** – *noun:* **original** (Original) Betonung auf der 2. Silbe: original [ə'rɪdʒənl]
isle [aɪl]	Insel, Eiland *(kurz für „island")*	the **British Isles** *(pl)* = die Britischen Inseln
turning point ['tɜːnɪŋ pɔɪnt]	Wendepunkt	
impressive [ɪm'presɪv]	beeindruckend	*adjective:* **impressive** – *noun:* **impression** – *verb:* (to) **impress**
characteristic (of) [kærəktə'rɪstɪk]	typisch (für), charakteristisch (für)	*adjective:* **characteristic** – *adverb:* **characteristically** [kærəktə'rɪstɪkli] – *noun:* **characteristic** (Eigenschaft, (charakteristisches) Merkmal)

	(to) **shape (**sth. **into** sth.**)** ['ʃeɪp]	(etwas zu etwas) formen	*verb:* (to) **shape** – *noun:* **shape** (Form, Gestalt)
	ritual ['rɪtʃuəl]	Ritual	⚠ Betonung auf der 1. Silbe: **rit**ual ['rɪtʃuəl]
p. 29	**sidelines** *(pl)* ['saɪdlaɪnz]	Seitenlinie, Spielfeldrand	sitting on the **sidelines** 
	rival ['raɪvl]	Rivale, Rivalin	►► opponent
	teammate ['tiːmmeɪt]	Mannschaftskamerad/in	someone who is in the same team as you
	union ['juːniən]	Union; Vereinigung, Verband	When I became a teacher I joined the teachers' **union**. **Rugby Union** = „Fünfzehner-Rugby", die verbreitetste Sportart aus der Rugby-Familie
	powerful ['paʊəfl]	kräftig, stark, mächtig	The American president is a **powerful** person. She has a **powerful** voice. a **powerful** country/car/storm *adjective:* **powerful** – *noun:* **power**
	highly ['haɪli]	sehr, höchst, äußerst	►► very

„Dangerous" adverbs!
Some adverbs mean something different from „their" adjectives:

adjective	*adverb*	*adjective*	*adverb*
hard *(schwer, schwierig; hart)*	**hardly** *(kaum)* I **hardly** know them.	**late** *(spät)*	**lately** *(in letzter Zeit, vor kurzem)* I haven't seen you much **lately**.
high *(hoch)*	**highly** *(sehr, höchst, äußerst)* This is **highly** dangerous.	**most** *(die meisten, am meisten)*	**mostly** *(hauptsächlich)* These birds eat **mostly** fish.
large *(groß)*	**largely** *(größtenteils, überwiegend, weitgehend)* We **largely** agreed on how to solve the problem.	**near** *(nahe (bei), in der Nähe von)*	**nearly** *(fast)* Oh! It's **nearly** 8.30!

function ['fʌŋkʃn]	Funktion	*noun:* **function** – *verb:* (to) **function** (funktionieren) – *adjective:* **functional** ['fʌŋkʃənl] (zweckmäßig, funktionell; Funktions-; funktionierend)

Look at language

p. 30 **breath** [breθ]	Atem	**breathtaking** ['breθteɪkɪŋ] = atemberaubend *noun:* **breath** – *verb:* (to) **breathe** [briːð] (atmen)
epic ['epɪk]	gewaltig; *(Reise)* lang und abenteuerlich; monumental; episch	*adjective:* **epic** – *noun:* **epic** (Epos, Heldenlied)

(to) **camp**	campen, zelten	*verb:* (to) **camp** – *noun:* **camp** **camping** near a river 
a bunch of ... *(infml)* [bʌntʃ]	eine Menge ...; eine Gruppe ... *(von Menschen)*	I learned a whole **bunch** of interesting new things on the course. Don't listen to them. They're a **bunch** of losers.
incredible [ɪn'kredəbl]	unglaublich	*adjective:* an **incredible** story/feeling/journey/... *adverb:* **incredibly** fast/angry/beautiful/important/...
Mount (= Mt) [maʊnt]	Berg *(nur in Namen von Bergen)*	
kea ['kiːə]	Kea *(Bergpapagei in Neuseeland)*	
cheeky ['tʃiːki]	frech, dreist	rude, but in a funny/annoying way My cat can be **cheeky** and cute at the same time!

	hilarious [hɪˈleəriəs]	urkomisch, unheimlich witzig	►► very funny It was a **hilarious** joke. We all laughed our heads off!
	certainty [ˈsɜːtnti]	Gewissheit, Sicherheit *(Überzeugung)*	*noun:* **certainty** – *adjective/adverb*: **certain(ly)**
	somehow [ˈsʌmhaʊ]	irgendwie	**Somehow** I'll earn enough money for a new computer.
p. 31	(to) **head** *(with prep / with adv)*	Richtung ... gehen, fahren; sich nach ... aufmachen; zusteuern auf ...	She got up and **headed for** the door. I'm **heading home** / I'm going to **head home**. I'm very tired. A storm was **heading for** the small island. (zusteuern auf ...)
	straight	direkt, gleich	We headed **straight** home / **straight** to the station. We bought a takeaway pizza and ate it **straight** from the box. *adverb:* **straight** – *adjective:* **straight** = **1.** gerade; **2.** *(Haare)* glatt; **3.** heterosexuell
	universe [ˈjuːnɪvɜːs]	Universum	⚠ Betonung auf der 1. Silbe: universe [ˈjuːnɪvɜːs]
	(to) **do turns**	sich drehen	**turn** *(noun)* = Drehung
	(to) **do spins** [spɪnz]	sich drehen, rotieren, trudeln	**spin** *(noun)* = Drehung, Rotation; *(das)* Trudeln

location [ləʊ'keɪʃn]	Ort *(Standort; Einsatzort, Drehort)*	With this GPS chip I can see the exact **location** of my bike if it gets stolen. This little church became famous as a film **location**.
She had a point.	Da hatte sie recht.	You **have a point** (there). = Da hast du recht.
(to) **bump into/against** sb./sth. [bʌmp]	jn./etwas (an)stoßen, gegen etwas stoßen	A man **bumped into** me and I fell down. (to) **bump into** sb. *(infml)* = jn. zufällig treffen, jm. zufällig begegnen; mit jm. zusammenstoßen In town I **bumped into** Lucie and we had a coffee together.
otherwise ['ʌðəwaɪz]	anderenfalls, ansonsten, sonst; anders	You really have to hurry up, **otherwise** we'll miss the train! We offer loans to students who would **otherwise** not be able to attend the program.
absolute ['æbsəluːt]	absolut	⚠ Betonung auf der 1. Silbe: **absolute** ['æbsəluːt] *adjective:* **absolute** – a king's/queen's **absolute** power *adverb:* **absolutely** ['æbsəluːtli] (absolut, vollkommen, total) I wasn't just hungry, I was **absolutely** starving. The show was **absolutely** fantastic. ⚠ Wenn **absolutely** als zustimmende Antwort benutzt wird, liegt die Hauptbetonung auf der 3. Silbe: The show was fantastic, wasn't it? – **Absolutely**! [æbsə'luːtli]

Skills training

p. 32	(to) **get informed (about)**	sich informieren (über)	►► (to) find information (about) Keep me **informed**. = Halte mich / Halten Sie mich auf dem Laufenden. (to) **keep sb. informed** = jn. auf dem Laufenden halten
	the gist (of sth.**)** *(no pl)* [dʒɪst]	das Wesentliche (an/von etwas)	He spoke so quickly that it was hard to get the **gist** of what he was saying.
	(to) **recharge** [riː'tʃɑːdʒ]	(wieder) aufladen *(Batterie, Handy, ...)*	►► (to) charge (again)
	campsite ['kæmpsaɪt]	Campingplatz	= *(AE)* **campground** ['kæmpgraʊnd]
	kayak ['kaɪæk]	Kajak	**kayaking** = Kajakfahren **kayaker** = Kajakfahrer/in 
	guided tour [gaɪdɪd 'tʊə]	Führung, geführte Tour	**guided walking tour** *or* **guided walk** = geführter Spaziergang
	commercial [kə'mɜːʃl]	kommerziell *(auf Gewinn ausgerichtet)*	It was a great album and a huge **commercial** success. The band made lots of money.

swing	*(das)* Schwingen, Schwung; Schaukel	kids on a **swing** 
canyon ['kænjən]	Cañon *(steilwandiges Tal)*	There's a river at the bottom of the deep **canyon**.
(to) **strap** sb. **(onto/to** sth.**)**	jn. (auf/an etwas) fest-schnallen	(to) secure sb. to sth. with **straps** *verb:* (to) **strap** sb. **(on)to** sth. – *noun:* **strap**
(to) **bring** sb./sth. **along**	jn./etwas mitbringen	This workshop is open to everybody. **Bring along** your friends!
(to) **paddle** ['pædl]	paddeln	Let's hire canoes and **paddle** around the lake. *verb:* (to) **paddle** – *noun:* **paddle** (Paddel)
sunblock ['sʌnblɒk]	Sonnenschutz(creme)	►► **sun cream** *or* **sunscreen** ['sʌnskriːn] 

	swimwear ['swɪmweə]	Badekleidung	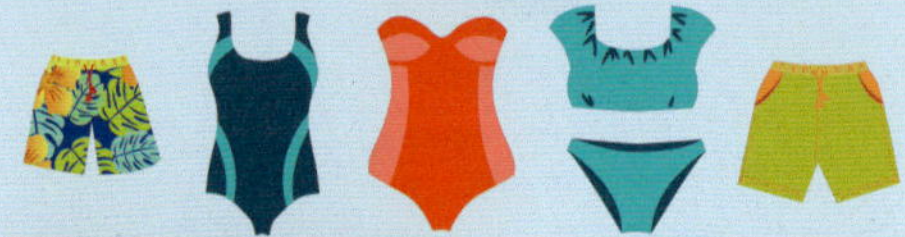
	sandals *(pl)* ['sændlz]	Sandalen	
p. 33	(to) **signal** ['sɪgnəl]	signalisieren	►► (to) show, (to) make clear *verb:* (to) **signal** – *noun:* **signal** ['sɪgnəl]
	(to) **admit** [əd'mɪt]	zugeben, (ein)gestehen	My brother sometimes does very stupid things, but he would never **admit** it!
	lovely ['lʌvli]	(wunder)schön, herrlich; *(Person)* nett, lieb	We had **lovely** weather. It was sunny and warm. My grandma is a **lovely** old lady.
	spot [spɒt]	Stelle, Fleck, Punkt	*noun:* **spot** – Our cat is black with some white **spots**. This is my favourite **spot** in Wales. *verb:* (to) **spot** sth. (etwas entdecken) We went hiking on the coast, and suddenly dad **spotted** some sea lions.
	spectacular [spek'tækjələ]	spektakulär	Betonung auf der 2. Silbe: spec**tac**ular [spek'tækjələ]

unless [ən'les]	es sei denn; außer (wenn) ⚠	You'll have problems at school **unless** you work harder. (= ... **if** you do **not** work harder)

Conjunctions can be used to form **sub-clauses** of ...

condition	**If** you see Ron / **In case** you see Ron, can you give him a message? You can't go in **unless** you have a ticket. = ... **if** you do **not** have a ticket.
contrast	**Although / Though / Even though** the work is hard, I like my job.
place	I can't remember **where** I put my keys.
purpose *(Zweck)*	I got up early **so** / **so that** I had time for breakfast.
reason	I avoid plastic waste **because** it's bad for the environment. **As** *(Da ..., Weil ...)* I want to stay fit / **Since** I want to stay fit, I do a lot of sport.
time	Let's check our bikes **before** we go on holiday. **When** I finish school, I want to go to college. I buy something **whenever** I go to a charity shop. **While** she ate her snack, she checked her phone for messages.

unexpected [ʌnɪk'spektɪd]	unerwartet	What a surprise! That was completely **unexpected**. (= I/We didn't expect it at all.)
stylistic [staɪ'lɪstɪk]	stilistisch, Stil-	*adjective:* **stylistic** – *adverb:* **stylistically** [staɪ'lɪstɪkli] – *noun:* **style** – *verb:* (to) **style**
expressive [ɪk'spresɪv]	ausdrucksvoll, ausdrucksstark; Ausdrucks-	*adjective:* **expressive** – *noun:* **expression** – *verb:* (to) **express**

Text 2

p. 34	**novel** ['nɒvl]	Roman	⚠ *(English)* **novel** = *(German)* **Roman** *(English)* **Roman** = *(German)* **Römer/in**
	developer [dɪ'veləpə]	Bauunternehmer/in; Entwickler/in	a person or company that makes profit from buying land to develop it
	coastal ['kəʊstl]	Küsten-	Plymouth is a **coastal** town in England. *adjective:* **coastal** – *noun:* **coast**
	mysterious [mɪ'stɪəriəs]	geheimnisvoll	*adjective:* **mysterious** – *noun:* **mystery** ['mɪstri] (Geheimnis)
	deformed [dɪ'fɔːmd]	missgebildet	*adjective:* **deformed** – *noun:* **deformity** [dɪ'fɔːməti] (Missbildung, Deformation)
	(to) **be to do** sth.	etwas tun sollen	►► should, (to) be supposed to They told us we **were to** wait outside. They didn't know when work **was to** begin. (= when work would begin)
	(to) **minimize** ['mɪnɪmaɪz]	auf ein Minimum beschränken, minimieren	(to) make sth. as small as possible *verb:* (to) **minimize** – *noun:* **minimum**
	(to) **cooperate (with** sb. **in/on** sth.**)** [kəʊ'ɒpəreɪt]	kooperieren, zusammenarbeiten (mit jm. bei/an etwas)	►► (to) work together (with sb.) *verb:* (to) **cooperate** – *noun:* **cooperation** [kəʊɒpə'reɪʃn] (Kooperation, Zusammenarbeit)
	foresight ['fɔːsaɪt]	weise Voraussicht, Weitblick	the ability to predict what could happen, and to prepare for it appropriately

(to) **cut down (on** sth.**)**	(etwas) reduzieren, einsparen; sich (bei etwas) einschränken	I want to lose weight. I really have to **cut down on** chocolate.
for the present ['preznt]	vorläufig, für den Moment	►► **for the time being**
one way or another [weɪ]	so oder so, auf die eine oder andere Art	►► somehow
(to) **persuade** [pə'sweɪd]	überreden, überzeugen	She's so good! We must **persuade** her to enter the competition. *verb:* (to) **persuade** – *noun:* **persuasion** [pə'sweɪʒn] (Überzeugung(skunst), Überredung(skunst))
sharp [ʃɑːp]	scharf *(z. B. Messer)* ⚠	*German* „scharf“: Knives or comments are **sharp**, but Indian food is sometimes very **hot**.
amenity [ə'miːnəti]	Einrichtung; Annehmlichkeit	“Our B&B is close to all local **amenities**.” (= close to shops, the station, etc.) Our village now has a sports centre – a new **amenity** which we all really appreciate.
(to) **please** sb.	jn. zufriedenstellen	You can't **please** everybody. (= es nicht jedem recht machen) You're well again? I'm so **pleased**! I'm really **pleased with** my new bike. It's great! (to) **be pleased with** sth. = mit etwas zufrieden sein, sich über etwas freuen

on my/your/their/... own	alleine, ohne Hilfe	Do you need help or can you manage **on your own**?
soul [səʊl]	Seele	Do you believe we all have **souls** which go on existing after we die?
(to) **crumble** ['krʌmbl]	zerfallen, zerbröckeln	This wall is **crumbling**. 
care	Sorgfalt, Vorsicht	I chose my words **with care**. (mit Bedacht) *noun:* **care** – *verb:* (to) **care** – *adjective:* **careful**
objection (to) [əb'dʒekʃn]	Einwand (gegen)	Who exactly are the **objectors**? And what **objections** do they have **to** our plan? *(person:)* **objector** (Gegner/in)
excursion [ɪk'skɜːʃn]	Exkursion, Ausflug	a short trip, especially of a group of people, for entertainment or for education
(to) **be involved in** [ɪn'vɒlvd]	beteiligt sein an; etwas zu tun haben mit	

involvement		
involvement (in) [ɪn'vɒlvmənt]	Her **involvement in** the peace movement made her famous.	**Engagement (für); Beteiligung (an)**
(to) **involve** [ɪn'vɒlv]	Charity projects often **involve** a lot of work. It's important to **involve** everybody in the decision.	**mit sich bringen; beinhalten** **einbeziehen**
(to) **be involved (in)**	We **have been involved in** our local church for ten years.	**beteiligt sein (an); etwas zu tun haben (mit)**
(to) **get involved (in)**	At university, she **got involved in** a theatre group. Try not to **get involved.**	**sich engagieren (für, bei); sich beteiligen (an)** **Versuche, dich da rauszuhalten.**

	(to) **dress**	sich kleiden, sich anziehen	(to) **dress up (as)** = sich schick anziehen; sich verkleiden (als) *verb:* (to) **dress** – *noun:* **dress** = **1.** Kleid; **2.** Kleidung
p. 35	**in favour of** sb./sth. ['feɪvə]	zugunsten von jm./etwas, für jn./etwas	*AE:* **favor** Are you **in favour of** (= for) this plan or are you against it?
	(to) **interest** sb. ['ɪntrəst]	jn. interessieren	*verb:* (to) **interest** sb. – *noun:* **interest** (in) – *adjectives:* **interesting** (interessant) / **interested in** (interessiert an)
	along with [ə'lɒŋ wɪð]	(zusammen) mit, neben	►► together with

(to) **line** sth. **with** sth. [laɪn]	etwas säumen; füttern, auskleiden	The street was **lined** with trees. They were planning to **line** the shore with lots of new buildings.
(to) **rotate** [rəʊ'teɪt]	rotieren, sich drehen	When a bike or car moves, the wheels **rotate**.
craft [krɑːft], *pl* **craft**	Boot; Flugzeug; Raumfahrzeug	a formal word for a boat or a ship **spacecraft**, *pl* **spacecraft** ['speɪskrɑːft] = Raumfahrzeug, Raumschiff
means [miːnz], *pl* **means**	Mittel, Möglichkeit	**by means of** ... = mit Hilfe von ... **means of communication** = Kommunikationsmittel **means of payment** = Zahlungsmittel **means of transport** = Verkehrsmittel
seed [siːd]	Samen; Saat	putting **seeds** in the ground 
flame [fleɪm]	Flamme	the flame of a **candle** 
dynamite ['daɪnəmaɪt]	Dynamit, Sprengstoff	Betonung auf der 1. Silbe: dynamite ['daɪnəmaɪt]
(to) **blast** [blɑːst]	sprengen; *(mit Wucht)* schießen	A gas explosion **blasted** the old house to bits.
cost	Kosten; Preis	*noun:* **cost** – *verb:* (to) **cost, cost, cost**

	central ['sentrəl]	zentral	⚠ **central** London = London Stadtmitte *adjective:* **central** – *noun:* **centre**
	(to) **feel sorry for** sb.	Mitleid haben mit jm.	They looked so sad. I really **felt sorry for** them.
	granny *(infml)* ['græni]	Oma	►► grandma, grandmother
	(to) **be seated** ['siːtɪd]	*(auf einem Platz)* sitzen	 (= wait to be shown where your table is)
	furious (with/at sb.**)** ['fjʊəriəs]	wütend	He was really **furious** when I told him. I've never seen anyone so angry. *adjective:* **furious** – *noun:* **fury** ['fjʊəri] (Wut)
	forehead ['fɔːhed]	Stirn	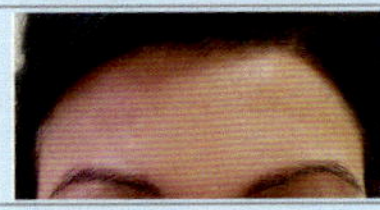
p. 36	**murmur** ['mɜːmə]	*(das)* Murmeln, Gemurmel	*noun:* **murmur** – *verb:* (to) **murmur** (murmeln *(leise sprechen)*)

p. 36	**hymn** [hɪm]	Hymne; Kirchenlied	Christians sing **hymns** in church. ⚠ *German:* Nationalhymne *English:* **national anthem** [næʃnəl 'ænθəm] ⚠ You don't pronounce the -n in **hymn**: [hɪm]
	(to) **conclude** [kən'klu:d]	(ab)schließen, beenden	(to) **conclude** a meeting = (to) finish a meeting *verb:* (to) **conclude** We **conclude** from these facts that ... – *noun:* **conclusion** [kən'klu:ʒn] (Schluss; Schlussfolgerung) We **draw the conclusion** that ... (... ziehen den Schluss / die Schlussfolgerung, dass ...)
	(to) **bend** [bend]**, bent, bent** [bent]	beugen; sich beugen, sich bücken	(to) **bend over** = sich bücken, sich vorbeugen (to) **bend down** = sich hinunterbeugen, sich bücken *verb:* (to) **bend, bent, bent** – *noun:* **bend** (Kurve)
	(to) **wipe** [waɪp]	(ab)wischen	**wiping** the table 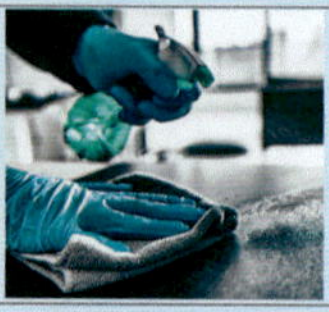
	sorrow ['sɒrəʊ]	Kummer, Leid	the feeling of being very sad
	enslavement [ɪn'sleɪvmənt]	Versklavung	the act of **enslaving** sb. (= making them a slave) *noun:* **enslavement** – *verb:* (to) **enslave** sb. (jn. versklaven)

(all) at once	sofort; auf einmal *(gleichzeitig)*	We have to leave **at once**, or we'll miss the train. (= immediately) One after the other, please. Don't talk all **at once**. (= at the same time)
gentle ['dʒentl]	sanft(mütig); behutsam, leicht	►► calm and kind Be **gentle** with the baby cats. Just touch them **gently**.
domain [də'meɪn]	Domäne, Bereich	Space technology is her **domain**. (= is the area of knowledge where she is an expert)
release [rɪ'liːs]	Befreiung; Freilassung; Veröffentlichung	*noun:* **release** – *verb:* (to) **release** (befreien; freilassen; veröffentlichen)
(to) **carve** [kɑːv]	meißeln, schnitzen; *(in Stein)* hauen	the **carved** hate on the man's face = der Hass, der in das Gesicht des Mannes eingemeißelt war The teacher was angry when the boy **carved** his name into the table.
anger ['æŋgə]	Zorn, Wut	*noun:* **anger** – *adjective:* **angry**
(to) **scramble (for)** ['skræmbl]	drängeln; drängen (an einen Ort / nach ... / zu ...); klettern, krabbeln	(to) push and fight with others to get sth. or to get to a place People saw flames at the back of the hall and started **scrambling** for the exit.
perspective [pə'spektɪv]	Perspektive ⚠	Betonung auf der 2. Silbe: per**spec**tive [pə'spektɪv]

Skills training

p. 37	(to) **rediscover** [riːdɪˈskʌvə]	wiederentdecken, wiederfinden	

With some verbs you can add the prefix **re-** to say that something is **being done again**, or that something is **being changed back to its original state**.

(to) **rebuild** sth.	*(to)* ***build*** *something again (e.g. after it was destroyed)*
(to) **recharge**	*(to)* ***charge*** *again*
(to) **rediscover**	*(to)* ***discover*** *sth. again which has been lost or forgotten*
(to) **rephrase**	*(to) repeat what you've said/written, using different words; (to) phrase sth. differently ((to)* ***phrase*** *= formulieren)*
(to) **reset**	*(to) change/****set*** *back to the original settings (****setting(s)*** *= Einstellung(en))*
(to) **reuse**	*(to)* ***use*** *sth. again*

Study skills

p. 38	(to) **master** [ˈmɑːstə]	meistern, beherrschen	*verb:* (to) **master** – *noun:* **master** (Meister/in)
	multiple [ˈmʌltɪpl]	mehrere, zahlreiche	►► many (different) We stopped the project after facing **multiple** problems many of which we couldn't solve. **multiple-choice** (question) = Multiple-Choice (-Frage)

(to) **argue (about)** ['ɑːgjuː]	argumentieren; streiten (über/wegen)	*verb:* (to) **argue** – *adjective:* **argumentative** [ɑːgju'mentətɪv] (argumentativ; streitsüchtig) – *noun:* **argument**

(to) argue – argument – argumentative		
(to) **argue**	**1.** argumentieren; behaupten **2.** (sich) streiten, (sich) zanken	He tried to **argue** that Shakespeare was German! My brothers **argue** all the time.
argument	**1.** Argument **2.** Streit, Auseinandersetzung	Try to present **arguments** for and against the statement. Sorry about the noise. Our neighbours are having another **argument**.
argumentative	**1.** argumentativ **2.** streitsüchtig	**argumentative writing** (Erörterung, Argumentation) He's a bit **argumentative**. That's why he didn't agree with us.

unknown [ʌn'nəʊn]	unbekannt	►► not (well-)known
mania ['meɪniə]	Manie, Fimmel	football **mania**, a **mania** for computer games / horror films
pregnant ['pregnənt]	schwanger	*adjective:* **pregnant** – *noun:* **pregnancy** ['pregnənsi] (Schwangerschaft)
unacceptable [ʌnək'septəbl]	unannehmbar, inakzeptabel	Wearing shorts and sandals while you work with these machines is **unacceptable** / not **acceptable**. You need to wear safety gear. **unacceptable** ◄► **acceptable** (akzeptabel, zulässig)
(to) **watch out for**	aufpassen auf; sich hüten vor, sich in Acht nehmen vor	**Watch out!** There's mud on the road. (Achtung! ...) **Watch out for** snakes. Their bites can be dangerous.

p. 38	**terrorist** ['terərɪst]	terroristische(r, s); Terrorist/in	There was a **terrorist** attack on a church, and the **terrorists** were caught some time later. ⚠ Betonung auf der 1. Silbe: **ter**rorist ['terərɪst]
	the public ['pʌblɪk]	die Öffentlichkeit	**in public** = in der / in aller Öffentlichkeit *noun:* (the) **public** – *adjective:* **public**
	weekly ['wiːkli]	wöchentlich	We have a **weekly** meeting. *(adjective)* = We meet **weekly**. *(adverb)*
	pandemic [pæn'demɪk]	Seuche, Pandemie	a disease which spreads over a whole country or the whole world ⚠ Betonung auf der 2. Silbe: pan**dem**ic [pæn'demɪk]
	likeable ['laɪkəbl]	sympathisch	

With some verbs you can add the suffix **-able** to say that something **can be done** or is **easy to do**.

danceable *(tanzbar)*	you can **dance** to it, easy to **dance** to
drinkable *(trinkbar)*	you can **drink** it
eatable *(essbar)*	you can **eat** it
enjoyable *(angenehm, schön)*	you can **enjoy** it, easy to **enjoy**
likeable/loveable *(sympathisch/liebenswert)*	easy to **like/love**
noticeable *(erkennbar, auffällig)*	easy to **notice**
questionable *(fragwürdig)*	it can be **questioned**

pp. 42/43	**gap** [gæp]	Lücke, Abstand	The horses escaped through a **gap** in the fence. Fill in the **gaps** with the right verb from the box. ⚠ **gap year** = Brückenjahr, ein Jahr Auszeit *(oft zwischen Schulabschluss und Beginn des Studiums)* **gapper** = junger Mensch im *gap year*
	au pair [əʊ 'peə]	Au-pair-Mädchen/-Junge	Want to live with a family in a foreign country? Learn the language? You'd get paid for helping in the house and looking after children. Then contact us and become an **au pair** for a year!
	(to) **tidy** (sth.) **up**	(etwas) aufräumen	I can't find anything in my room any more ... time to **tidy up**!
	(to) **iron** ['aɪən]	bügeln	*verb:* (to) **iron** – *noun:* **iron** (Bügeleisen; Eisen) **do the ironing** = bügeln ⚠ Aussprache – das „r" wird nicht gesprochen: **iron** ['aɪən] 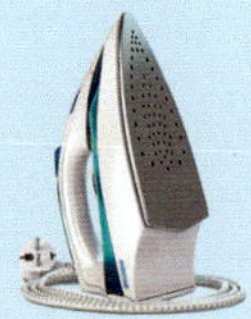
	(to) **manage** ['mænɪdʒ]	verwalten, regeln	My brother is too young to **manage** his own money.

(to) **budget** ['bʌdʒɪt]	haushalten *(sparsam sein)*	*verb:* (to) **budget** – *adjective:* **budget** (preisgünstig, Billig-) – *noun:* **budget** (Etat, Budget) **on** a **budget** of 3 billion = mit einem Budget von 3 Milliarden
I run out of money.	Mir geht das Geld aus. / Bei mir wird das Geld knapp.	**(to) run out** (knapp werden; zu Ende gehen) **Time is running out.** (Die Zeit wird knapp.) **We're running out of time.** (Wir haben keine Zeit mehr.) **It was so hot that the shops ran out of cold drinks.** (..., dass den Geschäften die kalten Getränke ausgingen.)
(to) **overspend (on sth.)** [əʊvə'spend], **overspent, overspent** [əʊvə'spent]	zu viel Geld ausgeben (für etwas)	(to) spend too much money (to) **overspend** ◄► (to) **budget**
heating ['hiːtɪŋ]	Heizung	*nouns:* **heating** (Heizung) / **heat** (Hitze, Wärme) – *verb:* (to) **heat** (erwärmen, erhitzen) – *adjective:* **hot**
Yippee! [jɪ'piː]	Hurra!	You say/shout "**Yippee!**" when you're very pleased or excited.
I can't wait!	Ich kann es kaum erwarten!	I'm looking forward to my holiday. **I can't wait** to go to France!
term [tɜːm]	Trimester	The school year in Britain has three **terms**.

	(to) **make up your mind**	sich entscheiden, sich entschließen	►► (to) make a decision I can never **make up my mind** about what I want to do. = I often change my mind about what I want to do.
	placemat ['pleɪsmæt]	Platzdeckchen	

The **youth** of today ...! (Die Jugend(lichen) von heute ...!)

Group nouns

Nomen wie **audience, band, class, family, government, group, team, youth** bezeichnen eine Gruppe von Menschen. Sie werden daher **group nouns** (oder **collective nouns**) genannt.

Auch wenn solche **group nouns** im **Singular** verwendet werden, stehen **Verben und Pronomen** danach oft im **Plural**:

Leon's host **family were** great. **They** quickly made him feel at home.
The **audience are** still cheering although the **band have** already started to put away **their** instruments.
Class 8PW are difficult to teach.
The **youth** of today **are** the leaders of tomorrow.

Text 1

p. 44	**essential** [ɪ'senʃl]	(absolut) notwendig, wesentlich	►► very important

p. 44	(to) **assist (with)** [ə'sɪst]	assistieren, helfen (bei)	Could you **assist** me **with** this English application form, please? **How may we assist?** = Wie können wir Ihnen helfen/behilflich sein? *verb:* (to) **assist** – *nouns:* **assistance** [ə'sɪstəns] (Hilfe, Unterstützung); **assistant** = **1.** Helfer/in, Assistent/in; **2.** (= shop assistant) Verkäufer/in
	candidate ['kændɪdət]	Bewerber/in, Kandidat/in ⚠	Betonung auf der 1. Silbe: <u>can</u>didate ['kændɪdət]
	(to) **meet (requirements, qualifications, etc.)**	(Voraussetzungen, Anforderungen) erfüllen, entsprechen ⚠	(to) **meet** = **1.** *(people)* treffen, sich treffen mit; **2.** *(requirements, qualifications etc.)* (Voraussetzungen, Anforderungen) erfüllen, entsprechen
	(to) **list** [lɪst]	auflisten, aufzählen	*verb:* (to) **list** – *noun:* **list**
	partly ['pɑːtli]	teilweise, teils	What he said is only **partly** true. Here's what really happened: ... *adverb:* **partly** – *noun:* **part**
	in order to	um ... zu	We should go there early **in order to** get good seats.
	resident ['rezɪdənt]	Anwohner/in, Bewohner/in	What do local **residents** think about these plans? In order to be allowed to vote, you have to be either a citizen of this country or a permanent **resident**.
	valid ['vælɪd]	gültig; begründet, berechtigt	You need a **valid** passport to travel to the USA. There are no **valid** excuses for his behaviour. You're right – that is a **valid** question!

(to) **endanger** [ɪn'deɪndʒə]	bedrohen, gefährden	(to) put sb./sth. in a dangerous situation
clinic ['klɪnɪk]	Klinik; Ambulanz; Sprechstunde	• a place where you can go for special medical treatment or advice *or* • a period of time when doctors give special medical treatment or advice
hands-on [hændz 'ɒn]	praktisch, praxisnah	Studying this subject at university is all very well, but you also need some **hands-on** experience.
care ['keə]	Versorgung, Betreuung; Pflege	We have day **care** for our children at our company. (= The company has a kindergarten.) ⚠ **care** = **1.** Versorgung, Betreuung; Pflege; **2.** Sorgfalt, Vorsicht
construction [kən'strʌkʃn]	Bau; Bauweise; Bauwerk, Konstruktion	*noun:* **construction** – *verb:* (to) **construct** [kən'strʌkt] ((auf)bauen, konstruieren)
(to) **immerse** [ɪ'mɜːs]	(ein)tauchen	(to) **immerse yourself in** sth. = sich in etwas vertiefen (to) **be immersed in** sth. = in etwas vertieft sein *verb:* (to) **immerse** – *adjective:* **immersive** [ɪ'mɜːsɪv] (umfassend, eindringlich *(z. B. Erfahrung)*)
(to) **strengthen** ['streŋkθn]	(ver)stärken; stärker werden	►► (to) make sb./sth. stronger; (to) become stronger *verb:* (to) **strengthen** – *noun:* **strength** – *adjective:* **strong**

(to) **renovate** ['renəveɪt]	renovieren, restaurieren	⚠	Betonung auf der 1. Silbe: renovate ['renəveɪt] *verb:* (to) **renovate** – *noun:* **renovation** [renə'veɪʃn] (Renovierung, Restaurierung)
background ['bækgraʊnd]	Herkunft	⚠	**people of different backgrounds** = Menschen unterschiedlicher Herkunft **background** = **1.** Herkunft; **2.** Hintergrund
disadvantaged [dɪsəd'vɑːntɪdʒd]	benachteiligt		With a good education **disadvantaged** children (= e.g. children from poor families) can be really successful in life. *adjective:* **disadvantaged** – *noun:* **disadvantage**
valuable ['væljuəbl]	wertvoll		Something that is **valuable** has a high **value**. *adjective:* **valuable** – *noun:* **valuables** *(pl)* (Wertsachen)
(to) **overcome** [əʊvə'kʌm], **overcame** [əʊvə'keɪm], **overcome**	überwinden, besiegen; bewältigen, meistern *(z. B. Problem)*		Find a way to **overcome** challenges! 
coastline ['kəʊstlaɪn]	Küste, Küstenlinie		From the boat we could see the Irish **coastline**.

	(to) **hatch** [hætʃ]	ausbrüten; (aus)schlüpfen *(z. B. Vogel-, Schildkröten-junge)*	A baby chicken is **hatching**. 
	(to) **educate sb.** ['edʒukeɪt]	jn. ausbilden, unterrichten, erziehen	*verb:* (to) **educate** sb. – *noun:* **education** – *adjective:* **educational**
p. 45	(to) **be located in ...** [ləʊ'keɪtɪd]	in ... liegen, sich in ... befinden	*verb:* (to) **be located (in ...)** – *noun:* **location**
	preparation [prepə'reɪʃn]	Vorbereitung; Zubereitung	*noun:* **preparation** – *verb:* (to) **prepare (for)**
	(to) **serve** [sɜːv]	*(Dienst)* leisten; *(z. B. Praktikum)* absolvieren	You can **serve** an internship or an apprenticeship in our company. ⚠ (to) **serve** = **1.** *(Dienst)* leisten; *(z. B. Praktikum)* absolvieren; **2.** servieren *(Essen, Getränke)*; *(Kundschaft)* bedienen; dienen
	ecological [iːkə'lɒdʒɪkl]	ökologisch	*adjective:* **ecological** – *noun:* **ecology** [i'kɒlədʒi] (Ökologie)
	mistake [mɪ'steɪk]	Fehler	I've marked some **mistakes** in your text. Please correct them. **by mistake** = aus Versehen Is this jacket yours? I'm sorry, I took it **by mistake**.

understandable [ʌndəˈstændəbl]	verständlich	►► easy to understand
besides [bɪˈsaɪdz]	außer; außerdem	*preposition:* **besides** (außer) **Besides** his job / **Besides** working as a teacher, Joe also volunteers for the Red Cross. – *adverb:* **besides** (außerdem) It's too late to go to the cinema. And **besides**, I've already seen the film.
(to) **be prepared to do** sth.	bereit sein, etwas zu tun	►► (to) be ready to do sth.

Look at language

p. 46	(to) **take a year out** (*pl* **years out**)	ein Jahr Auszeit nehmen	When you finish school, do you want to go straight to college or university? Or do you want to **take a year out**?
	work placement [ˈwɜːk pleɪsmənt]	Praktikum	►► work experience, internship **placement** = Praktikum; Platzierung, Unterbringung
	(to) **transcribe** [trænˈskraɪb]	niederschreiben, aufschreiben; transkribieren	*verb:* (to) **transcribe** [trænˈskraɪb] We need to **transcribe** the interview. – *noun:* **transcript** [ˈtrænskrɪpt] (Niederschrift, Protokoll) We need a **transcript** of the interview.

(to) **clean** sth. **up**	etwas aufräumen, sauber machen	*verb:* (to) **clean** sth. **up** It's important that we **clean up** our oceans. – *noun:* **clean-up** ['kli:n ʌp] (Säuberung) A **clean-up** of our oceans is important.
(to) **restore** [rɪ'stɔ:]	wiederherstellen	She's **restoring** an old chair. 
meaningful ['mi:nɪŋfl]	wichtig; bedeutend; bedeutsam; aussagekräftig	serious or important; having a meaning which is easy to understand a **meaningful** example/message/statement; **meaningful** statistics
relevant (to sb.**)** ['reləvənt]	relevant, wichtig (für jn.)	⚠ **relevant (to** sb.**)** ◄► **irrelevant (to** sb.**)** Betonung: **re**levant ['reləvənt] / ir**re**levant [ɪ'reləvənt]
(to) **transition ((in)to** sth.**)** [træn'zɪʃn]	übergehen (in/zu etwas); (sich) umstellen (auf etwas); umwandeln; das Geschlecht wechseln	(to) make or (to) go through a (big) change from one state or condition to another *verb:* (to) **transition** – *noun:* **transition**
uni ['ju:ni] **(***infml, kurz für* **university)**	Uni(versität)	I really love **uni**. I've made great friends since I started studying there.

	worth [wɜːθ]	wert	⚠ It was **worth** it. = Das war es **wert**. The film is **worth watching**. = Es lohnt sich, den Film **anzuschauen**.
	confidence ['kɒnfɪdəns]	(Selbst-)Vertrauen, Zuversicht	*noun:* **confidence** – *adjective:* **confident**
p. 47	**down under** *(infml)* [daʊn 'ʌndə]	*umgangssprachlicher Name für Australien und Neuseeland*	an informal word for Australia and New Zealand
	visa ['viːzə]	Visum	⚠ *English:* a **visa** – two **visas** *German:* ein **Visum** – zwei **Visa**
	... though.	... allerdings ...	She was born in France. She isn't French **though**. (= ... She isn't French, however.) ⚠ Das Adverb **though** steht am Satzende, anders als die deutschen Entsprechungen.
	gardener ['gɑːdnə]	Gärtner/in	**landscape gardener** = Landschaftsgärtner/in, Gartenbauingenieur/in
	trek [trek]	Wanderung; Wanderritt	going on a horse **trek** 
	resort [rɪ'zɔːt]	Urlaubsort	a **ski resort**, a **seaside resort**

	on offer	im Angebot	The organization offers several different gap year programmes. = There are several different programmes **on offer**.

Skills training

p. 48	**laneway** *(AustE)* ['leɪnweɪ]	Gässchen	in Melbourne's **laneways** 
	(to) **note** [nəʊt]	beachten; *(sich etwas)* notieren	Please **note** that this museum is closed on Mon-days. (to) **note** sth. **down** = sich etwas aufschreiben, notieren *verb:* (to) **note** – *noun:* **note** = **1.** Notiz; kurzer Brief; **2.** Hinweis

(to) **store** [stɔː]	aufbewahren, lagern; speichern	*verb:* (to) **store** We **store** old books and stuff in the attic. – *nouns:* **store** (Geschäft; Lager, Speicher) We use the attic as a **store** for old books and stuff. / **storage** ['stɔːrɪdʒ] (Aufbewahrung, Lagerung, Speicherung) There is lots of **storage** space in our attic.
dormitory ['dɔːmətri] *infml auch* **dorm**	Schlafsaal	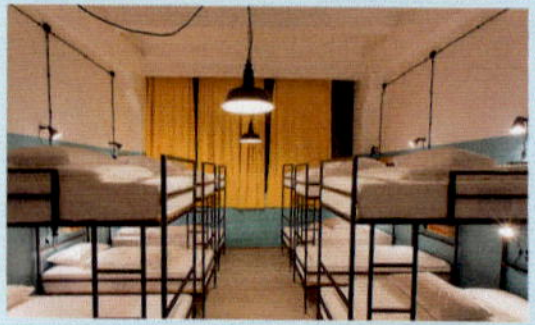
double room [dʌbl 'ruːm] *infml auch* **double**	Doppelzimmer	**single room**  **twin room**  **double room** 

	en suite [ã 'swi:t]	mit eigenem Bad	an **en suite** single room, a room with **en suite** bath-room
	(to) **stock** sth. **(with** sth.**)** [stɒk]	etwas (mit etwas) aus-statten	**fully stocked** kitchen = voll ausgestattete Küche *verb:* (to) **stock** sth. (**with** sth.) – *noun:* **stock** (Vorrat, (Waren-)Bestand)
	common room ['kɒmən ru:m]	Aufenthaltsraum	a room shared by people who live together in a house or who stay together e.g. in a hostel
	pool [pu:l]	Poolbilliard	⚠ **pool** = **1.** Poolbilliard; **2.** (Schwimm-)Bad; **3.** (Wasser-)Becken 
	block [blɒk]	Wohnblock	two **blocks** from here = zwei Blocks von hier (entfernt) **block of flats** = Mehrfamilienhaus
p. 49	(to) **take advantage of** sth.	sich etwas zunutze machen, etwas (aus)nutzen	Someone must have **taken advantage of** the huge crowds. Our wallets were stolen. I have a very small flat, so I have to **take advantage of** (= make use of) every bit of space.
	agency ['eɪdʒənsi]	Agentur, Organisation	An employment **agency** helps people to find work, and it also helps businesses/companies to find workers.

(to) **depend on** [dɪ'pend]	abhängen von	Do you like running? – **It depends**. Not when it rains! (Es kommt darauf an.) I might go running, **depending on** the weather. (abhängig von, je nach)
(to) **accept** [ək'sept]	akzeptieren, annehmen	I've asked 20 people to my party and 13 have already **accepted** the invitation. Something you cannot **accept** is **unacceptable**.
return [rɪ'tɜːn] *(kurz für:* **return ticket/flight***)*	(Hin- und) Rückfahrkarte, (Hin- und) Rückflugticket	**return ticket/flight ◄► one-way ticket/flight** (einfache Fahrkarte / Flugticket nur für den Hinflug)
(to) **consider** sb./sth. **(to be)** sth. [kən'sɪdə]	jn./etwas halten für etwas, jn./etwas betrachten als etwas	Everyone **considers her (to be) a computer expert**. = She is **considered (to be) a computer expert** (by everyone).
trade-off (between ...) ['treɪd ɒf]	Kompromiss (zwischen ...); (Kosten-Nutzen-)Abwägung	This bike is perfect for me – a good **trade-off between** cost and quality.
up to ['ʌp tə]	bis (zu)	►► until; no more than
housecleaning ['haʊskliːnɪŋ]	Saubermachen/Reinemachen im Haus	►► cleaning a/the house
literally ['lɪtərəli]	wörtlich; im Wortsinn; buchstäblich	You shouldn't try to translate idioms **literally**. You can choose from **literally** hundreds of TV programmes.
(to) **be on a par with** sb./sth. [pɑː]	mit jm./etwas auf einer Stufe stehen, vergleichbar sein	(to) be as good, important, etc. as somebody/something else

	(to) **be on good/friendly/bad/ ... terms with** sb. [tɜːm]	mit jm. auf gutem, freundschaftlichem, schlechtem etc. Fuß stehen	on equal **terms** (with sb.) = gleichgestellt, auf Augenhöhe (mit jm.)
	expectation [ekspek'teɪʃn]	Erwartung	*noun:* **expectation** – *verb:* (to) **expect**
	precise [prɪ'saɪs]	genau, präzise	►► exact *adjective:* **precise** – *noun:* **precision** [prɪ'sɪʒn] (Genauigkeit, Präzision)
	additional [ə'dɪʃənl]	zusätzliche(r, s)	"I read your job advertisement, but I'd like some **additional** information about the company before I apply."

Text 2

p. 50	(to) **go round**	sich drehen, im Kreis gehen/fahren	►► (to) rotate
	(to) **slide** [slaɪd]**, slid, slid** [slɪd]	schieben; rutschen; gleiten (lassen)	I **slid** down the edge of the rock into the river. Can you help me to **slide** this box into my room?
	narrow ['nærəʊ]	eng, schmal	**narrow** ◄► **wide**
	(to) **give** sb. **a hand**	jm. behilflich sein	►► (to) help sb. Can you **give me a hand** with these heavy boxes, please?

p. 50	(to) **wheel** [wiːl]	fahren; schieben; ziehen	I **wheeled** grandad up the hill. *verb:* (to) **wheel** – *noun:* **wheel** 
	sour [ˈsaʊə]	sauer, säuerlich; gries-grämig; verdrießlich	Lemons taste **sour**. 
	(to) **skip** [skɪp]	überspringen, auslassen	I **skipped** (= didn't read) the introduction. It was very long and not very interesting.
	enthusiastic (about) [ɪnθjuːziˈæstɪk]	begeistert (von)	Jack is **enthusiastic** about cooking. His meals are fantastic. *adjective:* **enthusiastic** – *adverb:* **enthusiastically**
	enthusiasm [ɪnˈθjuːziæzəm]	Begeisterung, Enthusiasmus	Jack's **enthusiasm** for cooking is amazing.
	(to) **walk** sb. **somewhere**	jn. irgendwohin begleiten/führen *(zu Fuß)*	The lady needed help, so I **walked** her **to** the bus stop. (to) **walk** sb. **through** sth. = etwas mit jm. Schritt für Schritt durchgehen

Damn! [dæm]	Verdammt!	Oh **damn**! I've forgotten my bag at home. If I walk back now and get it, I'll miss the train.
warehouse ['weəhaʊs]	Lager(haus)	
safety vest ['seɪfti vest]	Sicherheitsweste, Warnweste	
hard hat ['hɑːd hæt]	Schutzhelm	
clipboard ['klɪpbɔːd]	Klemmbrett	
logistics [lə'dʒɪstɪks]	Logistik	⚠ The word **logistics** is uncountable. You can use a singular or plural verb with it: **Logistics is / are** important in today's economy.
No idea. *(infml)*	Keine Ahnung.	Do you know where the tourist office is? – **No idea**, sorry.
(to) **slump** [slʌmp]	fallen; sinken	(to) **slump down (in your chair)** = sich in den Sessel / auf den Stuhl fallen lassen
dodo ['dəʊdəʊ], *pl* **dodos**	Dodo (ausgestorbener Vogel); Dummkopf	The **dodo** is a bird which died out centuries ago. But **dodo** can also mean "idiot".
(to) **bet** [bet], **bet, bet**	wetten	I **bet** you'll enjoy your holiday in the USA!
hard-working [hɑːd 'wɜːkɪŋ]	fleißig	working a lot and trying to do your job well

(to) **boom** [buːm]	dröhnen, donnern *(auch z. B. Stimme)*	I was scared when I heard thunder **booming** out-side. "Stop that!" a **booming** voice behind me said. (= a loud and deep voice)
(to) **startle sb.** ['stɑːtl]	jn. erschrecken, auf-schrecken	The loud noise in the house **startled** me. (= was very sudden and surprised and shocked me)
slight [slaɪt]	leicht, gering(fügig)	There's a **slight** difference between these two bikes. This one is **slightly** more expensive.
It's not rocket science. ['rɒkɪt saɪəns]	Das ist keine Hexerei. / Das ist nicht so kompliziert.	No, I'm not very impressed. **It's not rocket science**, you know!
She's worth her weight in gold.	Sie ist Gold wert. / Sie ist nicht mit Gold zu bezahlen.	= She is very valuable / does her job very well.
loving	liebevoll	feeling or showing love for sb. or sth.
p. 51 (to) **manoeuvre** [mə'nuːvə]	manövrieren, steuern	*AE:* (to) **maneuver** *verb:* (to) **manoeuvre** – *noun:* **manoeuvre** (Manöver, Schachzug) ⚠ You write: **manoeuvre** / *(AE)* **maneuver** You say: [mə'nuːvə]
Shall I ...? [ʃæl], [ʃəl]	Soll ich ...?	It's hot in here. **Shall** I open the window?
(to) **extend** [ɪk'stend]	ausstrecken *(z.B. Hand)*; sich erstrecken; (sich) ausdehnen	"Can you give me that key, please?" she said and **extended** a hand. (streckte eine Hand aus) They went abroad for an **extended** holiday. (aus-gedehnt)

I've got it.	Ich hab's (schon). / Ich hab's schon geschafft/hinbekommen.	►► It's OK, I can manage.
downtown (Vancouver) *(AE)* [daʊn'taʊn]	(das/im/ins) Stadtzentrum von Vancouver	►► *BE* (in) the centre of Vancouver
sheepish ['ʃiːpɪʃ]	verlegen, betreten	the way you look when you are embarrassed because you have done something silly or wrong Why are you looking so **sheepish**? What have you done now? Be honest!
(to) **shuffle** ['ʃʌfl]	(ver)schieben, anders anordnen; *(Jobs)* umbesetzen ⚠	(to) **shuffle** = **1.** (ver)schieben, anders anordnen; *(Jobs)* umbesetzen; **2.** schlurfen; mit den Füßen scharren
(to) **accommodate** [ə'kɒmədeɪt]	Platz bieten für; unterbringen, beherbergen	Our hostel can **accommodate** up to 200 guests. *verb:* (to) **accommodate** – *noun:* **accommodation**
(to) **make a fuss (of/over)** [fʌs]	Theater/Wirbel machen (wegen)	It's just a small spider! Stop **making** such **a fuss**! *noun:* **fuss** – *verb:* (to) **fuss (about)** (Theater machen, sich aufregen (über))
sleek [sliːk]	elegant; *(Auto)* schnittig; glatt, (seidig) glänzend, geschmeidig	**sleek** hair 

p. 51	**weird** [wɪəd]	seltsam, komisch	►► strange I had a **weird** feeling that something was wrong.
	(to) **ship**	(aus)liefern, versenden	(to) **ship with** (sb. / a company) = (jn. / eine Firma) mit der Auslieferung / der Versendung beauftragen *verb:* (to) **ship** – *noun:* **ship** (Schiff)
	honey ['hʌni]	Honig; *(infml, als Anrede:)* Schatz, Schätzchen	Bees make **honey**. It's sweet. Don't worry, **honey**. The problem is under control.
	degree [dɪ'griː]	Universitätsabschluss, Diplom ⚠	**degree** = **1.** Universitätsabschluss, Diplom; **2.** Grad *(auch bei Temperatur)*
	pose [pəʊz]	Stellung; Haltung; Pose	This yoga **pose** is sometimes called "the camel". 
	(to) **straighten** sth. **(out)** ['streɪtn]	etwas gerade machen	(to) **straighten (out)** = gerade werden (to) **straighten (up)** = sich aufrichten *verb:* (to) **straighten** – *adjective/adverb*: **straight**
	silent ['saɪlənt]	still, lautlos	(to) **fall/go silent** = still werden, verstummen *adjective:* **silent** – *noun:* **silence**
	glow [gləʊ]	Schein *(z. B. eines Feuers)*; *(das)* Leuchten	*noun:* **glow** – *verb:* (to) **glow** (glühen, leuchten, strahlen)

distant ['dɪstənt]	(weit) entfernt, fern	It will take you a long time to get to such a **distant** place. The Romans ruled Britain in the **distant** past. *adjective:* **distant** – *noun:* **distance**
surf [sɜːf]	Brandung	
timeless ['taɪmləs]	zeitlos	

-less („-los“)

boneless	knochenlos	**helpless**	hilflos	**sleepless**	schlaflos
endless	endlos	**homeless**	obdachlos	**thoughtless**	gedankenlos
flightless	flugunfähig	**hopeless**	hoffnungslos	**timeless**	zeitlos
friendless	ohne Freunde	**jobless**	arbeitslos	**useless**	unnütz, nutzlos

(to) **hug (sb.)** [hʌg]	(jn.) umarmen; einander umarmen	*verb:* (to) **hug** – *noun:* **hug** (Umarmung) Beth is **hugging** Jill. = They're **hugging** (each other). 
(to) **fall over**	hinfallen, umkippen	I slipped on the snow and **fell over**.

	anecdote ['ænɪkdəʊt]	Anekdote; Geschichte, persönlicher Bericht	⚠ Betonung auf der 1. Silbe: **an**ecdote ['ænɪkdəʊt]
	exercise *(no pl)*	Bewegung *(sportliche Aktivität)*	(to) **do/take exercise** = sich Bewegung verschaffen, trainieren ⚠ **exercise** = **1.** Übung; **2.** Bewegung *(sportliche Aktivität)* *noun:* **exercise** – *verb:* (to) **exercise** (sich bewegen, trainieren)
	(to) **shove** [ʃʌv]	stopfen; stoßen; schieben, drängeln	*verb:* (to) **shove** – *noun:* **shove** (Stoß, Schubs)
p. 52	(to) **work out**	funktionieren, klappen	I had my doubts, but luckily everything **worked out** well.
	(to) **get lucky**	Glück haben	►► (to) have good luck
	It pays to have	Es zahlt sich aus, wenn man ... hat.	It **pays** to get a good education.
	There you go.	Da hast du's! / Na siehst du!; *(auch:)* Hier, bitte schön.	**There you go!** I told you it would work out well. (Na siehst du!) **There you are**, two veggie burgers. That's £ 5.60, please. (Hier, bitte schön.)
	(to) **get a taste (of sth.)** *(infml)*	(in etwas) hineinschnuppern	During my internship I **got** a first **taste of** work in a zoo. I loved it!

nerd [nɜːd]	Nerd *(hochintelligente, aber kontaktarme Person)*	*noun:* **nerd** – *adjective:* **nerdy** ['nɜːdi] (absonderlich, streberhaft) (to) **be nerdy** = ein Nerd sein
(to) **sink** [sɪŋk], **sank** [sæŋk], **sunk** [sʌŋk]	sinken	
yep *(infml for* **yes***)* [jep]	ja	►► yes
pretty cool/old/expensive/... ['prɪti]	ziemlich cool/alt/teuer/...	£ 220? That's **pretty** expensive for a pair of jeans, isn't it? ⚠ **pretty** = **1.** *(adjective)* hübsch; **2.** *(adverb)* ziemlich
flat [flæt]	flach, eben; *(Stimme)* tonlos	The landscape is very **flat** here. (= there are no hills/ mountains) Her voice was **flat**. (= it didn't show much feeling) ⚠ **flat** = **1.** flach, eben; *(Stimme)* tonlos; **2.** Wohnung
(to) **poke** [pəʊk]	stoßen, stechen	"And what about you?" she asked and **poked** me with her elbow.
moon [muːn]	Mond	the **moon** over the sea (to) **be over the moon** *(infml)* = ganz aus dem Häuschen sein (= hoch-erfreut sein) 

(to) **grin (at** sb.) [grɪn]	(an)grinsen	a **grin on** sb.'s face = ein Grinsen in js. Gesicht *verb:* (to) **grin (at)** "Surprise, surprise!" he said, **grinning**. – *noun:* **grin** (*(ein/das)* Grinsen) ... he said with a **grin on** his face.
(to) **let out a sigh**	seufzen	... she said and **let out a deep sigh**. = ... sagte sie mit einem tiefen Seufzer.
idiomatic [ɪdiə'mætɪk]	idiomatisch	an **idiomatic expression** = an idiom *adjective:* **idiomatic** [ɪdiə'mætɪk] – *noun:* **idiom** ['ɪdiəm]
(to) **speculate (about** sth.**)** ['spekjuleɪt]	spekulieren, sich über etwas Gedanken machen	*verb:* (to) **speculate** – *noun:* **speculation** [spekju'leɪʃn] (Spekulation)
outcome ['aʊtkʌm]	Ausgang *(einer Geschichte)*; Ergebnis, Resultat	It is hard to predict the **outcome** of the talks between the opposite sides of the conflict. (= to predict if they can reach an agreement)

Skills training

p. 53 **summary** ['sʌməri]	Zusammenfassung	*noun:* **summary** – *verb:* (to) **summarize** ['sʌməraɪz] (zusammenfassen) (= (to) sum sth. up)
(to) **interact** [ɪntər'ækt]	miteinander interagieren, kommunizieren	*verb:* (to) **interact** – *noun:* **interaction** [ɪntər'ækʃn] (Interaktion, Umgang) – *adjective:* **interactive** [ɪntər'æktɪv] (interaktiv)

Study skills

p. 54	**sooner or later**	früher oder später	**Sooner or later** we will all have to stop using cars which burn petrol or diesel.
	possibility [pɒsəˈbɪləti]	Möglichkeit	*noun:* **possibility** – *adjective:* **possible**
	either [ˈaɪðə]	beide; eine/r/s (von zweien)	Should I buy the green bike or the red bike? – You can buy **either**. / **Either of them** is/are good.
	memory [ˈmeməri]	Erinnerung; Gedächtnis	I lived in York for a while many years ago. I have very nice **memories of** the city. (Erinnerungen an ...) I don't have a good **memory** for names. (Namensgedächtnis)
	reminder [rɪˈmaɪndə]	Erinnerung, Mahnung	These storms and droughts are a **reminder** that we should do all we can to stop climate change. *noun:* **reminder** – *verb:* (to) **remind** sb. **of** sth.
	(to) **shop for sth.** [ˈʃɒp fə]	etwas kaufen (gehen)	I need to **shop for** (= go and buy) new trainers.

verbs + *-ing*

The kids **admitted**	**having eaten**	all the biscuits.	*... gaben zu, ... **gegessen zu haben**.*
You should **avoid**	**mentioning**	this in public.	*... vermeiden, ... **zu erwähnen**.*
They'll **make a profit from**	**developing**	this land.	*... Profit damit machen, ... **zu erschließen**.*
The book **is worth**	**reading.**		*Es lohnt sich, das Buch **zu lesen**.*

p. 54

verbs + infinitive with "to"			
They **demanded**	**to see**	the manager.	
I can't **make up my mind**	what **to do**	next.	
It really **pays**	**to take out**	good insurance.	
Can we **persuade** you	**to come**	with us?	
I can't **wait**	**to move out**	of my parents' house.	
verbs + *-ing or* + infinitive: same meaning			
I **hate/like/love**	**to pack** **packing**	my bags for a holiday.	
Cars? No. I **prefer**	**to go** **going**	by train.	
Let's **begin/start/continue**	**to collect** **collecting**	ideas.	
verbs + *-ing*? *or* + infinitive?: different meaning!			
I always **forget** / never **remember**	**to phone**	Jack on his birthday.	*vergessen / (nicht) daran denken, etwas zu tun*
I'll never **forget** / always **remember**	**celebrating**	Jack's 20th birthday.	*niemals vergessen / sich immer daran erinnern, etwas **getan zu haben***
I'll **stop** at the pet shop	**to buy**	some hamster food.	*anhalten, um ... zu kaufen (Absicht)*
Please **stop**	**buying**	so much rubbish.	*Hör bitte auf, ... **zu kaufen**.*
I **used**	**to go**	to bed late.	*Früher ging ich immer ... (Vergangenheit)*
I **am used**	**to going**	to bed late.	*Ich bin daran gewöhnt, ... zu gehen.*

pp. 58/59	(to) **examine** [ɪɡ'zæmɪn]	untersuchen	*verb:* (to) **examine** – *noun:* **examination** (Prüfung, Untersuchung)
	individual [ɪndɪ'vɪdʒuəl]	Einzelne/r, Individuum; Person	*noun:* **individual** – *adjective:* **individual** (individuell, Individual-)
	(to) **participate (in)** [pɑː'tɪsɪpeɪt]	teilnehmen (an), sich beteiligen (an)	►► (to) take part (in) *verb:* (to) **participate (in)** – *nouns: (person)* **participant** (Teilnehmer/in); *(what you do)* **participation (in)** [pɑːtɪsɪ'peɪʃn] (Teilnahme, Beteiligung (an))
	donation [dəʊ'neɪʃn]	Spende	*noun:* **donation** – *verb:* (to) **donate** [dəʊ'neɪt] (spenden) (to) **make a donation (to** sb.**)** = spenden; jm. eine Spende zukommen lassen
	(to) **cycle** ['saɪkl]	Rad fahren	►► (to) ride a/your bike 
	consumerism [kən'sjuːmərɪzəm]	Konsumismus, konsumorientiertes Verhalten	We all buy so many more goods than we really need. This **consumerism** is bad for the climate.

extinction [ɪk'stɪŋkʃn]	Ausrottung, Aussterben	*noun:* **extinction** – *adjective:* **extinct** [ɪk'stɪŋkt] (ausgestorben)

Text 1

p. 60	**activism** ['æktɪvɪzəm]	Aktivismus	Betonung auf der 1. Silbe: <u>ac</u>tivism ['æktɪvɪzəm] *nouns: (person)* **activist**; *(what you do)* **activism**
	front line [frʌnt 'laɪn]	Front *(militärisch)*	**in/on the front line** = an vorderster Front
	elderly ['eldəli]	ältere(r, s)	a more polite word for "old"
	(to) **marginalize** ['mɑːdʒɪnəlaɪz]	ins Abseits drängen, an den Rand drängen	*verb:* (to) **marginalize** – *noun:* **margin** ['mɑːdʒɪn] (Rand, Randspalte) – *adjective:* **marginal** ['mɑːdʒɪnl] (marginal, geringfügig) – *adverb:* **marginally** (unwesentlich, kaum)
	(to) **witness** sth. ['wɪtnəs]	etwas (mit)erleben, Zeuge/ Zeugin werden von etwas	Did you **witness** the accident? Can you tell us what you saw? *verb:* (to) **witness** – *noun:* **witness** (Zeuge/Zeugin)
	first-hand [fɜːst 'hænd]	aus erster Hand	**first-hand experience** = experience you've had yourself
	damage (to) *(no pl)* ['dæmɪdʒ]	Schaden, Schäden (an)	*noun:* **damage (to)** – *verb:* (to) **damage** ((be)schädigen; schaden) The fire **damaged** the garage, but there was no **damage to** the house.

intense [ɪn'tens]	intensiv, enorm	*adjective:* **intense** – *noun:* **intensity** [ɪn'tensəti] (Intensität)
landslide ['lændslaɪd]	Erdrutsch	
(to) **end up**	(schließlich) enden, landen, gelangen	If you continue like this, you might ... • **end up in** prison. • **end up as** a gangster. • **end up** sick and poor. • **end up asking** others for help. ⚠ (to) **end up doing** sth. = am Ende / schließlich etwas tun
painful ['peɪnfl]	schmerzhaft	►► causing pain
impact ['ɪmpækt]	Einfluss, Auswirkung	What **impact** does people's behaviour have on the environment? (= What effect ...)
major ['meɪdʒə]	groß, bedeutend; Haupt-	►► very large; very important Nothing worked. We had **major** problems. You'll get there faster if you use one of the **major** roads.

frequent ['fri:kwənt]	häufig		Mum **frequently** flies to the USA, about ten times a year. *adjective:* **frequent** – *noun:* **frequency** ['fri:kwənsi] (Häufigkeit)
no longer	nicht mehr		►► not ... any more Jo is**n't** my friend **any more**. = Jo is **no longer** my friend.
habitable ['hæbɪtəbl]	bewohnbar	⚠	**habitable** ◄► **uninhabitable** [ʌnɪn'hæbɪtəbl] (unbewohnbar) *adjectives:* **habitable / uninhabitable** – *verb:* (to) **inhabit (a region)** [ɪn'hæbɪt] ((eine Region) bewohnen)
crisis ['kraɪsɪs], *pl* **crises** ['kraɪsi:z]	Krise		an economic / a financial / a political **crisis**
(to) **unite** sb./sth. **(with)** [ju'naɪt]	jn./etwas vereinigen, verbinden (mit)		the **United Nations** *(pl)* = die Vereinten Nationen (UN)
harmony ['hɑ:məni]	Harmonie, Einklang	⚠	Betonung auf der 1. Silbe: **har**mony ['hɑ:məni]
toxic ['tɒksɪk]	toxisch, giftig		**toxic waste** = Giftmüll, toxischer Müll 

	dump [dʌmp]	(Müll-)Abladeplatz, Deponie	*noun:* **dump** – *verb:* (to) **dump** (*(Müll, Schutt)* abladen, zurücklassen))
p. 61	**inseparable** [ɪn'seprəbl]	untrennbar (miteinander verbunden); unzertrennlich	They're **inseparable**. 
	counterpart ['kaʊntəpɑːt]	Pendant, Gegenstück; Gegenüber	The US president went to Paris for talks with his French **counterpart**.
	unjust [ʌn'dʒʌst]	ungerecht	*adjectives:* **just ◄► unjust** – *nouns:* **justice ◄► injustice**
	(to) **target** sb. ['tɑːgɪt]	auf jn. zielen *(jn. als Zielgruppe haben/wählen)*, jn. ins Visier nehmen	Fashion companies often **target** young adults. *verb:* (to) **target** – *noun:* **target**
	risk [rɪsk]	Risiko	*noun*: **risk** (Risiko) I wouldn't **take** that **risk**. *(das Risiko eingehen)* – *adjective:* **risky** ['rɪski] (riskant) Don't do a **risky** thing like that! – *verb:* (to) **risk** You're **risking** your life! **at risk** = in Gefahr **at the risk of ...** = auf die Gefahr hin ...

solidarity [sɒlɪˈdærəti]	Solidarität	(to) **express/show solidarity with** sb. = sich mit jm. solidarisch erklären/zeigen
related (to) [rɪˈleɪtɪd]	zugehörig, verbunden, verwandt (mit)	**climate-related** = klimabezogen **job-related** = berufsbezogen, berufsspezifisch **weather-related** = wetterbedingt

(to) relate – related – relation – relationship

1. (to) **relate to sth.**	The text **relates to the situation** of school teachers.	sich auf etwas beziehen
(to) **relate** sth. **to sth.**	Translation machines can't **relate** words **to context**.	in Zusammenhang bringen, in Beziehung setzen
2. **related to**	I'm sure his bad health **is related to** his lifestyle.	bedingt durch, bezogen auf
...-related	Most of her problems are work-**related**.	verbunden mit
3. **related (to)**	Are you two **related** (**to** each other)? – Yes, we're cousins.	verwandt (mit)
4. **relation** [rɪˈleɪʃn]	Talk about the **relation** between the picture and the title.	Beziehung, Verhältnis
	What are your ideas **in relation to** this problem?	in Bezug auf
	What's the number of immigrants **in relation to** the population?	im Verhältnis zu
5. **relationship**	Describe the **relationship** between the two main characters.	Beziehung

floodwater [ˈflʌdwɔːtə]	Flutwasser	**floodwaters** *(pl)* = Hochwasser

(to) **tackle** ['tækl]	*(Problem)* angehen, in Angriff nehmen; bewältigen	⚠ (to) try to solve a problem (to) **tackle** = **1.** *(Problem)* angehen, in Angriff nehmen; bewältigen; **2.** fassen *(American Football, Rugby)*; angreifen *(Fußball etc.)*
(to) **exaggerate** [ɪg'zædʒəreɪt]	übertreiben	*verb:* (to) **exaggerate** Their house is a dump, and I'm not **exaggerating**. – *noun:* **exaggeration** [ɪgzædʒə'reɪʃn] (Übertreibung) ... and that's no **exaggeration**.

Look at language

p. 62	**committee** [kə'mɪti]	Ausschuss, Kommission, Komitee	We have a **committee** meeting this evening. 
	intercultural [ɪntə'kʌltʃərəl]	interkulturell	between different cultures
	cutlery ['kʌtləri]	Besteck	wooden **cutlery** 

p. 62	**container** [kən'teɪnə]	Behälter; Container	*nouns:* **container** / **content** (Inhalt) – *verb:* (to) **contain**
	capable (of) ['keɪpəbl]	fähig (zu), imstande (zu)	She wanted to show her family what she was **capable of**.
	(to) **adapt** [ə'dæpt]	adaptieren, (sich) anpassen; *(Text)* bearbeiten	*verb:* (to) **adapt** – *noun:* **adaptation** [ædæp'teɪʃn] (Anpassung, Adaption; *(Text)* Bearbeitung) – *adjective:* **adaptable** [ə'dæptəbl] (anpassungsfähig, flexibel)
	innovation [ɪnə'veɪʃn]	Innovation, Neuerung	*nouns: (person)* **innovator**; *(introducing sth. new)* **innovation** (Innovation, Neuerung) – *adjective:* **innovative** ['ɪnəveɪtɪv] (innovativ) – *verb:* (to) **innovate** (sth.) ['ɪnəveɪt] (Neuerungen einführen, (etwas neu) einführen)
	biodegradable [baɪəʊdɪ'greɪdəbl]	biologisch abbaubar	These **biodegradable** forks and cups, when thrown away, will not harm the environment. 
	reusable [riː'juːzəbl]	wiederverwendbar	*adjective:* **reusable** – *verb:* (to) **reuse** [riː'juːz] (wiederverwenden) – *noun:* **reuse** [riː'juːs] (Wiederverwendung)

(to) **bring** sth. **up**	etwas erwähnen, zur Sprache bringen	I thought we had solved this problem. I don't know why you keep **bringing** it **up** again.
commitment (to sb./sth.**)** [kə'mɪtmənt]	Bekenntnis (zu jm./etwas); Engagement, Einsatz (für etwas)	*noun:* **commitment** – *adjective:* (to) **be committed to** sth. (sich engagieren / engagiert sein für etwas)
average ['ævərɪdʒ]	durchschnittlich; Durchschnitt	The **average** age of students in our year is 16.5. I practise the piano two hours a day **on average**. (= im Durchschnitt, durchschnittlich)
(to) **enable** sb. **to do** sth. [ɪ'neɪbl]	es jm. ermöglichen / jn. befähigen, etwas zu tun	(to) make sth. possible for sb.
general assembly [dʒenrəl ə'sembli]	Vollversammlung, Generalversammlung	All 193 members of the United Nations are also members of the **General Assembly**.
(to) **approve** [ə'pruːv]	genehmigen, anerkennen	*verbs:* (to) **approve** sth. / (to) **approve of** sb./sth. (jn./etwas gut finden, mit jm./einer Sache einverstanden sein) – *noun:* **approval** [ə'pruːvl] (Zustimmung; Genehmigung, Anerkennung)
till [tɪl]	bis	►► until
intention [ɪn'tenʃn]	Absicht, Vorsatz	*noun:* **intention** – *verb:* (to) **intend (to do** sth.**)** [ɪn'tend] (beabsichtigen, vorhaben (etwas zu tun)) – *adjective:* **intentional** [ɪn'tenʃənl] (absichtlich, beabsichtigt) I'm sorry, this wasn't **intentional**. *(adj)* / ... I didn't do this **intentionally**. *(adv)*

p. 63	**measure** ['meʒə]	Maß(nahme)	(to) **take measures** = Maßnahmen ergreifen **measure** = **1.** Maß(nahme); **2.** (to) **measure** = messen
	(to) **transform** [træns'fɔːm]	(sich) verwandeln; umwandeln	(to) change sth. completely They're planning to **transform** the station into an art gallery. *verb:* (to) **transform** – *noun:* **transformation** [trænsfə'meɪʃn] (Umwandlung, Veränderung, Umgestaltung)
	planet ['plænɪt]	Planet	Betonung auf der 1. Silbe: planet ['plænɪt]  our **planet**
	amount [ə'maʊnt]	Menge; Betrag *(Geld)*	Mit dem Plural von zählbaren Nomen: **number** a large **number** of cars/students/dogs/... Mit nicht zählbaren Nomen: **amount** a large **amount** of money/water/snow/...
	carbon dioxide (CO_2) [kɑːbən daɪ'ɒksaɪd]	Kohlendioxid	Car engines which use petrol or diesel produce **carbon dioxide**. **carbon** = Kohlenstoff
	open-minded (about) [əʊpən 'maɪndɪd]	offen, aufgeschlossen (gegenüber)	I'm very **open-minded about** any new ideas which help to save our environment. **open-minded** ◄► **narrow-minded** [nærəʊ 'maɪndɪd] (engstirnig)

leadership ['liːdəʃɪp]	Führung	**leadership skills** *(pl)* = Führungseigenschaften, Führungsqualitäten *nouns:* **leadership**; *(person)* **leader** – *verb:* (to) **lead, led, led**
comparison [kəm'pærɪsn]	Vergleich; Steigerung (von Adjektiven) ⚠	**comparison** = **1.** Vergleich; **2. comparison (of adjectives)** = Steigerung (von Adjektiven) *noun:* **comparison** – *verb:* (to) **compare** – *adjective:* **comparable (to/with)** (vergleichbar (mit))

Skills training

p. 64 **eco-friendly** [iːkəʊ 'frendli]	umweltfreundlich	►► environment-friendly / environmentally friendly
presenter [prɪ'zentə]	Moderator/in; Referent/in	a radio **presenter** talking to a guest 
garment ['gɑːmənt]	Kleidungsstück	= a piece of clothing

(to) **uncover** [ʌn'kʌvə]	aufdecken; freilegen, öffnen *(z. B. Topfdeckel abnehmen)*	The journalists **uncovered** some highly interesting facts which the party leaders had tried to keep secret.
(to) **manufacture** [mænju'fæktʃə]	herstellen, produzieren, fertigen	(to) produce large numbers/amounts of goods *verb:* (to) **manufacture** – *nouns:* **manufacture** (Herstellung, Produktion, Fertigung); *(person)* **manufacturer** (Hersteller/in, Produzent/in)
(to) **investigate** [ɪn'vestɪgeɪt]	untersuchen; ermitteln	Police are **investigating** the murder. *verb:* (to) **investigate** – *noun:* **investigation** (Untersuchung, Ermittlung(en))
p. 65 **letter to the editor** [letə tə ði 'edɪtə], *pl* **letters to the editor**	Leserbrief	**editor** = Herausgeber/in, Redakteur/in *English:* letter **to the editor** *German:* **Leser**brief
(to) **praise** [preɪz]	loben, rühmen	*verb:* (to) **praise** His teacher **praised** him for his hard work. – *noun:* **praise** (Lob) A hymn is a song of **praise**.
(to) **expose** [ɪk'spəʊz]	aufdecken, entlarven; freilegen	*verb:* (to) **expose** – *noun:* **exposure** [ɪk'spəʊʒə] (Aufdeckung, Entlarvung; Freilegung)
criminal ['krɪmɪnl]	kriminell	*adjective:* **criminal** – *nouns: (person)* **criminal** (Verbrecher/in); *(bad thing that someone does)* **crime**

(to) **balance** ['bæləns]	ausgleichen, ins Gleichgewicht bringen	⚠	Betonung auf der 1. Silbe: **bal**ance ['bæləns] **balanced** = ausgeglichen, ausgewogen **balanced** ◄► **one-sided** (einseitig) *verb:* (to) **balance** – *noun:* **balance** (Gleichgewicht, Balance)
journalism ['dʒɜːnəlɪzəm]	Journalismus	⚠	Betonung auf der 1. Silbe: **jour**nalism ['dʒɜːnəlɪzəm] / *(person)* **jour**nalist ['dʒɜːnəlɪst] (Journalist/in)
evidence *(no pl)* ['evɪdəns]	Nachweis(e), Beweis(e)		The police arrested a man, but there was no **evidence** that he was the criminal they were looking for.
What's more, ...	Darüber hinaus ..., Außerdem ...		There's too much sugar in this lemonade, and **what's more**, it's in a plastic bottle! Don't buy it.
representative [reprɪ'zentətɪv]	Repräsentant/in, Vertreter/in; Abgeordnete(r)		*noun:* **representative** **Representatives** from all of the age groups made the decision. – *verb:* (to) **represent** [reprɪ'zent] (vertreten, repräsentieren) It's an honour to **represent** your country in the Olympic Games.
rather ['rɑːðə]	ziemlich		►► quite
spot on [spɒt 'ɒn]	haargenau richtig		He's **spot on**. = Er liegt (haar)genau richtig.

(to) **punish** ['pʌnɪʃ]	bestrafen	*verb:* (to) **punish** – *noun:* **punishment** ['pʌnɪʃmənt] (Strafe, Bestrafung)
once more [wʌns 'mɔː]	noch einmal, wieder einmal	►► one more time

Text 2

p. 66	**colony** ['kɒləni]	Kolonie ⚠	Betonung auf der 1. Silbe: co͟lony ['kɒləni] *nouns:* **colony / colonization** [kɒlənaɪ'zeɪʃn] (Kolonisation); *(person)* **colonizer** ['kɒlənaɪzə] (Kolonisator/in) – *verb:* (to) **colonize** ['kɒlənaɪz] (kolonisieren) – *adjective:* **colonial** [kə'ləʊniəl] (kolonial, Kolonial-)
	(to) **preserve** [prɪ'zɜːv]	bewahren, erhalten	Salt can be used to **preserve** food, e.g. meat or fish. (= it stops the food from going bad too quickly) *verb:* (to) **preserve** – *noun:* **preservation** (Erhaltung, Bewahrung)
	cryogenic [kraɪə'dʒenɪk]	Tieftemperatur-	*adjective:* **cryogenic** – *noun:* **cryogenics** (Tieftemperaturphysik)
	cryonics [kraɪ'ɒnɪks], *infml auch* **cryo** ['kraɪəʊ]	Kryotechnik *(Kryokonservierung von Lebewesen, um sie in der Zukunft wiederzubeleben)*	*noun:* **cryonics** – *adjective:* **cryonic** (Kryo-)

p. 66

laboratory [lə'bɒrətri], *infml auch* **lab** [læb]	Labor	**a lab(oratory)** 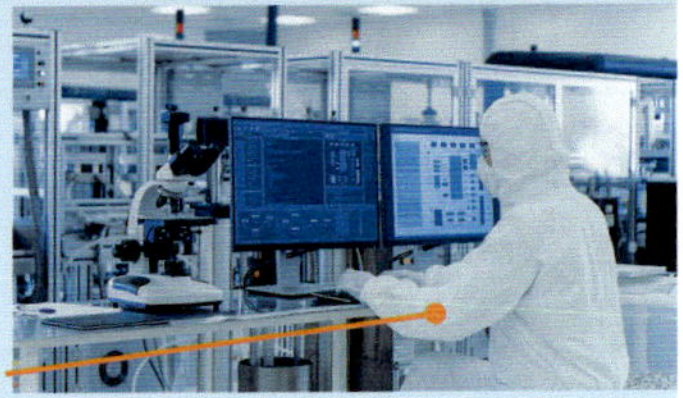 lab **technician**
technician [tek'nɪʃn]	Techniker/in	
(to) **type (in)** [taɪp]	(ein)tippen	Please **type in** your name and password, then press “enter”.
(to) **approach** [ə'prəʊtʃ]	sich nähern, näher kommen	*verb:* (to) **approach** As we **approached** our house, we saw that the front door was open. – *noun:* **approach** (Ansatz, Herangehensweise) This isn’t working. Let’s try a different **approach**.
(to) **seal** sth. **(up) with** sth. [siːl]	etwas mit etwas abdichten, versiegeln	*verb:* (to) **seal** – *noun:* **seal** (Siegel, (Ab-)Dichtung)
tube [tjuːb]	Schlauch; Tube; Rohr, Röhre	**tube**  **wires**
wire ['waɪə]	Draht	
(to) **cram** [kræm]	(hinein)stopfen, (sich) hineindrängen, hineinzwängen	We bought a nice wooden box and **crammed** it full of presents. Take smaller bites. Don’t **cram** so much in your mouth.

liquid ['lɪkwɪd]	Flüssigkeit	Water is a clear **liquid**. *noun:* **liquid** – *adjective:* **liquid** (flüssig)
vein [veɪn]	Vene	**Veins** are tubes in your body. They carry blood from all parts of your body towards your heart.
grunt [grʌnt]	Grunzen, Grunzlaut; Ächzen	*noun:* **grunt** – *verb:* (to) **grunt** (grunzen, ächzen)
(to) **squeeze** [skwiːz]	(zusammen)drücken; (sich) zwängen, (sich) quetschen	(to) **squeeze your eyes shut** = die Augen zukneifen *verb:* (to) **squeeze** She **squeezed** herself into the skirt. **Squeeze** the bottle to get the honey out. – *noun:* **squeeze** (Drücken, Druck) Give the bottle a little **squeeze**.
(to) **stroke** [strəʊk]	streicheln	**stroking** my cat 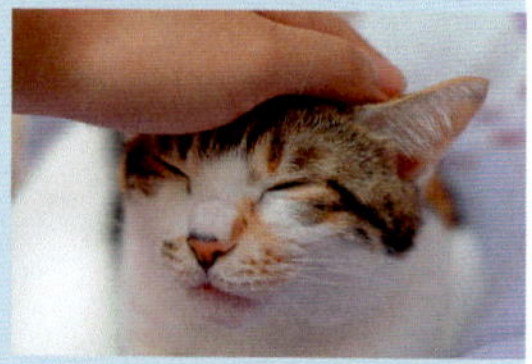
anything but …	alles andere als …	Houses in this area are **anything but** cheap. (= they are expensive)

p. 66	**crook (of your elbow)** [krʊk]	Armbeuge, Ellenbeuge	the **crook of her elbow** 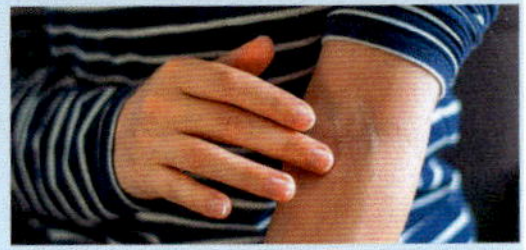
	(to) **tug** [tʌg]	ziehen *(z. B. am Ärmel)*	►► (to) pull *verb:* (to) **tug** She **tugged** my hair. – *noun:* **tug** (*ein/das* Ziehen) She gave my hair a **tug**.
	tactic ['tæktɪk], *(oft auch Plural:)* **tactics**	Taktik	►► strategy No need to try those **tactics** on me. I won't do what you want anyway. Police officers learn special **tactics** to deal with all kinds of dangerous situations. *noun:* **tactic(s)** – *adjective:* **tactical** ['tæktɪkl] (taktisch)
	muscle ['mʌsl]	Muskel	**muscled** = muskulös a **muscled** chest 
	chest [tʃest]	Brust, Brustkorb	

hose [həʊz]	Schlauch	a garden **hose** 
speckle ['spekl]	Tupfen, Sprenkel	**blue-speckled** = blau getupft/gesprenkelt
shoebox ['ʃuːbɒks]	Schuhkarton	**shoebox coffin** = a cryo box the shape of a shoebox which is used for keeping people's frozen bodies until they're woken up again
(to) **rush** [rʌʃ]	eilen; hetzen; (schnell) fließen	*verb:* (to) **rush** – *noun:* **rush** (Eile; Ansturm; Stoß *(Flüssigkeit/Gas)*)
bubble ['bʌbl]	Bläschen, Blase *(Denkblase, Sprechblase)*	*noun:* **bubble** – *verb:* (to) **bubble** (sprudeln, Blasen bilden; blubbern)  soap **bubbles**
(to) **lower** ['ləʊə]	sinken (lassen), (sich) senken, herabsetzen	►► (to) let/make sb./sth. go down; (to) reduce *verb:* (to) **lower** – *adjective:* **low**

	lid [lɪd]	Deckel	Put the **lid** on the pot, please. 
	mortuary ['mɔːtʃəri]	Leichenhalle; Leichenschauhaus	Dead bodies are kept in a **mortuary** before they are buried.
	hiss [hɪs]	*(das/ein)* Zischen, Fauchen	*noun:* **hiss** – *verb:* (to) **hiss** (zischen, fauchen)
	steam [stiːm]	Dampf	*noun:* **steam** – *verb:* (to) **steam** (dämpfen/dünsten (lassen))
	(to) **flash freeze** ['flæʃ friːz], **flash froze** ['flæʃ frəʊz], **flash frozen** ['flæʃ frəʊzn]	schockgefrieren	(to) freeze very quickly
	(to) **ball**	(sich) ballen *(einen Ball formen)*	(to) **ball your hand into a fist** = die Hand zur Faust ballen
p. 67	(to) **back down** *(infml)* [bæk 'daʊn]	einen Rückzieher machen	(to) **back down (on/from** sth.**)** = (in/bei etwas) nachgeben
	(to) **guilt** sb. **into** sth. **/** **into doing** sth. [gɪlt]	jn. moralisch zu etwas verpflichten / verpflichten, etwas zu tun *(durch Erzeugen von Schuldgefühlen)*	*noun:* **guilt** (Schuld(gefühle)) – *adjective*: **guilty (of a crime)** ['gɪlti] (schuldbewusst; (eines Verbrechens) schuldig)

p. 67	**trail** [treɪl]	Spur; Weg, Pfad; Route	Sometimes you can see white **trails** made by planes in the blue sky. There are lots of good **trails** for hiking in the hills behind our house.
	mission ['mɪʃn]	Mission; Auftrag	⚠ Betonung auf der 1. Silbe: **mis**sion ['mɪʃn]
	the military ['mɪlətri]	das Militär	*noun:* (the) **military** – *adjective:* **military** (militärisch)
	For Pete's sake! [seɪk]	Um Himmels Willen!	Oh, **for Pete's sake!** We forgot all about the cake in the oven!
	battlefield ['bætlfiːld]	Schlachtfeld	
	analyst ['ænəlɪst]	Experte/Expertin; Analyst/in	⚠ Betonung auf der 1. Silbe: **an**alyst ['ænəlɪst] *noun:* **analysis**; *(person)* **analyst** – *verb:* (to) **analyze**
	point	Sinn, Zweck	

So many points! The noun **point** can mean:

1. Punkt	You get one **point** for every right answer.	
2. Komma	two **point** one (= 2.1)	zwei Komma eins / 2,1
3. Argument, Standpunkt	That's a good **point**.	
	Make your **point**.	Sag, wie du darüber denkst.
	(to) take a **point**	einen Standpunkt verstehen
	You have a **point** (there).	Da hast du recht.
4. Sinn, Zweck	What's the **point** (of that)?	Was soll das? / Was ist der Sinn davon?
	There is no **point in doing** this.	Es hat keinen Sinn, das zu tun.

command [kə'mɑːnd]	Anordnung; Befehl	**commander-in-chief** = Oberbefehlshaber/in *nouns:* **command** / *(person)* **commander** (Befehls-haber/in) – *verb:* (to) **command** (anordnen, befehlen; befe-hligen, beherrschen) (to) be second, third etc. **in command** = (erste/r, zweite/r, etc.) Stellvertreter/in des/der Befehls-haber/in sein
genetic [dʒə'netɪk]	genetisch	*adjective:* **genetic** – *adverb:* **genetically** – *noun:* **genetics** (Genetik)
(to) **splice** [splaɪs]	verkleben; verspleißen *(durch Verflechten einzelner Stränge verbinden)*	**genetic splicing** = Genspleißen *(Rekombinieren von DNA, um gentechnisch veränderte Organismen her-zustellen)*

crop [krɒp]	Feldfrucht, Anbaupflanze; Ernte	What kinds of **crops** do you grow on your farm?
(to) **undress** [ʌn'dres]	sich ausziehen	(to) **undress** ◄► (to) **dress** / (to) **get dressed**
chamber ['tʃeɪmbə]	Kammer	Scientists found the underground **chambers** where the ancient kings and queens were buried.
the inside [ɪn'saɪd]	das Innere, die Innenseite	the **insides** *(infml)* = die Eingeweide
(to) **stick** [stɪk]**, stuck, stuck** [stʌk]	kleben; stecken; (haften) bleiben	I will never forget the final scene of that film. It will always **stick** in my mind. (= ... wird mir immer im Gedächtnis bleiben) (to) **stick** sth. **into** sth. = etwas in etwas stechen, stecken (to) **stick** sth. **out** = etwas (her)ausstrecken He held up his hand, the little finger **sticking out**. (... der kleine Finger war (her)ausgestreckt.)
intravenous (= IV) [ɪntrə'viːnəs]	intravenös	►► into a vein 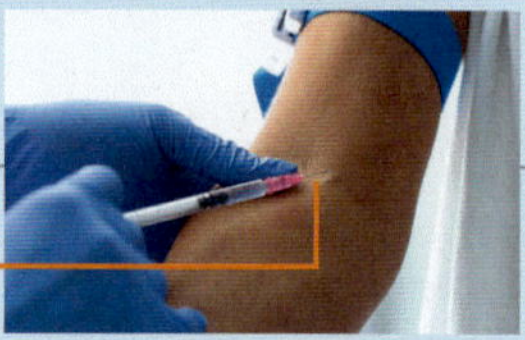
needle ['niːdl]	Nadel; Kanüle	
spine [spaɪn]	Wirbelsäule, Rückgrat	Lots of small bones that are connected together – that's your **spine**. It goes down the middle of the back.

pinky (finger) *(AE)* ['pɪŋki]	kleiner Finger	**pinky finger** sticking out 
(to) **wrap** sth. **in/with** sth. [ræp]	etwas in etwas (ein) wickeln / mit etwas umwickeln	(to) **wrap** sth. **around** sb./sth. = etwas um jn./etwas wickeln/schlingen (to) **wrap your arms around** sb. = die Arme um jn. schlingen *verb:* (to) **wrap** – *noun:* **wrap** (Verpackung, Hülle)
(to) **slam** [slæm]	(hin)knallen, zuschlagen *(Tür)*	When I'm angry, I sometimes leave the room, **slamming** the door behind me. *verb:* (to) **slam** – *noun:* **slam** (Knall)
puff [pʌf]	Stoß, (Luft-)Zug, Wolke	*noun:* **puff** – *verb:* (to) **puff** (keuchen, schnaufen; stoßweise entweichen (lassen))  a **steam train**
(to) **jerk** [dʒɜːk]	rucken, mit einem Ruck ziehen/stoßen	He **jerked** the door open and ran out of the room. *verb:* (to) **jerk** – *noun:* **jerk** (Ruck)
p. 68 **translucent** [træns'luːsnt]	durchscheinend	When something is **translucent**, light can get through it, but you can't look through it because it's not really clear.

solid ['sɒlɪd]	fest, solide, stabil	⚠ Betonung auf der 1. Silbe: **so**lid ['sɒlɪd]
(to) **go under**	untergehen (unter Wasser); zu Grunde gehen	The dog tried to swim, but he was very weak and I thought he would **go under**. Luckily I managed to grab him and save him from drowning.
watery ['wɔːtəri]	wässrig, Wasser-	My eyes were **watery**. = Meine Augen tränten / waren voller Tränen. *adjective:* **watery** – *noun:* **water**
(to) **drift** [drɪft]	treiben, wehen; sich bewegen, driften, *(Gedanken)* wandern	Clouds can **drift** across the sky, and boats can **drift** across the sea. The crowd **drifted** towards the stage when the concert started. When I read the story my thoughts **drifted** to California and the beach.
(to) **splutter** ['splʌtə]	schnauben, prusten	I drank too quickly and started coughing and **spluttering**.

Skills training

p. 69 (to) **remove** [rɪ'muːv]	entfernen, beseitigen; ausziehen *(Kleidung)*	How can I **remove** this spot from my white dress? Security check. Please **remove** your jacket, and any keys and other metal objects from your pockets. *verb:* (to) **remove** – *noun:* **removal** [rɪ'muːvl] (Entfernung *(Beseitigung)*)

engineering [endʒɪ'nɪərɪŋ]	Ingenieurwesen, Maschinenbau	She studied **engineering** and became an **engineer**.
ambitious [æm'bɪʃəs]	ehrgeizig	You want to get all this done in one day? Wow, that's quite an **ambitious** plan. *adjective:* **ambitious** – *noun:* **ambition** (Ehrgeiz, Bestreben)
(to) **circulate** ['sɜːkjəleɪt]	zirkulieren, sich (im Kreis) bewegen	*verb:* (to) **circulate** – *adjective:* **circular** ['sɜːkjələ] (rund, Kreis-) – *nouns:* **circulation** (Zirkulation, Kreislauf) / **circle**
percentage [pə'sentɪdʒ]	Anteil, Prozentsatz	What **percentage** of your pocket money do you spend on clothes?
patch [pætʃ]	Flicken; Fleck, Stelle; Stück *(z. B. Stoff)*	*noun:* **patch** – *verb:* (to) **patch** sth. **(up)** (etwas (zusammen)flicken)  a **patch** over a hole in my jeans
garbage *(AE)* ['gɑːbɪdʒ]	Müll, Abfall	►► *BE* rubbish
wave [weɪv]	Welle	*noun:* **wave** – *verb:* (to) **wave** (**to** sb.) ((jm. zu) winken) **wave power** = Wellenkraft, Wellenenergie
(to) **research** [rɪ'sɜːtʃ]	erforschen, untersuchen, recherchieren	*verb:* (to) **research** – *nouns:* **research**; *(person)* **researcher** (Forscher/in)

(to) **invest (in)** [ɪn'vest]	investieren (in)	*verb:* (to) **invest** – *noun:* **investment** (Anlage, Investition)
trial ['traɪəl]	Test, Studie; Probe	**trial** = **1.** Test, Studie; Probe; **2.** (Gerichts-)Verfahren, Prozess
(to) **place** [pleɪs]	stellen, legen, setzen, platzieren	►► (to) put (sth. somewhere) *verb:* (to) **place** – *noun:* **place**
strategic [strə'tiːdʒɪk]	strategisch	*adjective:* **strategic** [strə'tiːdʒɪk] – *adverb:* **strategically** [strə'tiːdʒɪkli] – *noun:* **strategy** ['strætədʒi]
solar power [səʊlə 'paʊə]	Sonnenenergie	**solar** = Sonnen-, Solar- **solar-powered** = durch Sonnenenergie angetrieben, solarbetrieben *verb:* (to) **power** (etwas antreiben, mit Energie versorgen) – *noun:* **power** (Energie, Strom; Kraft, Macht) – *adjective:* **powerful** (kräftig, stark, mächtig)
conveyor (belt) [kən'veɪə]	Transportband, Förderband; Fließband	**belt** = (Transport-)Band; Riemen; Gürtel **seat belt** = Sicherheitsgurt *(z. B. Auto, Flugzeug)* boxes on a **conveyor belt** 
technological [teknə'lɒdʒɪkl]	technologisch	*adjective:* **technological** – *noun:* **technology**

order ['ɔːdə]	Reihenfolge	*noun:* **order** These words are in the wrong **order**. – *verb:* (to) **order** (ordnen, anordnen) Please **order** them correctly.
and so on	und so weiter	►► etc.

Study skills

p. 70 (to) **contribute (to/towards)** [kən'trɪbjuːt]	beitragen, beisteuern (zu); spenden (für)	*verb:* (to) **contribute** – *nouns:* **contribution (to/towards)** (Beitrag; Spende (für)); *(person/thing)* **contributor** (Mitwirkende/r, Beitragende/r; Mitverursacher, Faktor) (to) **make a contribution** = einen Beitrag leisten
systematic [sɪstə'mætɪk]	systematisch	*adjective:* **systematic** – *adverb:* **systematically** [sɪstə'mætɪkli] – *noun:* **system**
(to) **expand on** sth. [ɪk'spænd ɒn]	etwas weiter ausführen	(to) **expand** = (sich) ausweiten, erweitern, expandieren *verb:* (to) **expand** – *noun:* **expansion** [ɪk'spænʃn] (Ausdehnung, Erweiterung, Expansion)

p. 70

verbs + preposition			
(to) **assist with** sth.	**bei** etwas assistieren/helfen	(to) **get away/off with** sth.	**mit** etwas davonkommen/ durchkommen
(to) **bump into/ against** sb./sth.	jn./etwas (**an**)stoßen, **gegen** etwas stoßen	(to) **get involved in** sth.	sich engagieren **für/bei** etwas; sich beteiligen **an** etwas
(to) **close in on** sb.	jn. umzingeln, bedrohlich **auf** jn. **zu**kommen	(to) **participate in** sth.	**an** etwas teilnehmen, sich beteiligen **an** etwas
(to) **come up to** sb.	**auf** jn. **zu**kommen	(to) **press for** sth.	**auf** etwas drängen
(to) **cut down on** sth.	etwas reduzieren, einsparen; sich bei etwas einschränken	(to) **respond to** sth.	**auf** etwas reagieren/antworten
(to) **depend on** sth./ sb.	abhängen **von** jm./etwas	(to) **scramble for** sth.	drängen **an** einen Ort / **nach/zu** etwas
(to) **expand on** sth.	etwas weiter ausführen	(to) **shop for** sth.	etwas kaufen (gehen)
(to) **feel sorry for** sb.	Mitleid **mit** jm. haben	(to) **watch out for** sth.	aufpassen **auf** etwas; sich in Acht nehmen **vor** etwas

so far [səʊ 'fɑː]	bis jetzt, bis hierher	►► up to now **So far** my holiday has been great. 
(to) **group** [gruːp]	gruppieren	*verb:* (to) **group** – *noun:* **group**

infinitive	simple past	past participle	
(to) **be**	I/he/she/it **was;** you/we/you/they **were**	**been**	sein
(to) **bear**	**bore**	**borne**	ertragen, aushalten; tragen
(to) **beat**	**beat**	**beaten**	schlagen, besiegen
(to) **become**	**became**	**become**	werden
(to) **begin**	**began**	**begun**	anfangen, beginnen
(to) **bend**	**bent**	**bent**	beugen; sich beugen, sich bücken
(to) **bet**	**bet**	**bet**	wetten
(to) **bite**	**bit**	**bitten**	beißen; stechen *(z. B. Insekten)*
(to) **bleed**	**bled**	**bled**	bluten
(to) **blow**	**blew** [uː]	**blown**	pusten, blasen; wehen
(to) **break** [eɪ]	**broke**	**broken**	brechen
(to) **breed**	**bred**	**bred**	brüten, Junge bekommen, sich vermehren; züchten; hervorrufen
(to) **bring**	**brought**	**brought**	bringen, mitbringen
(to) **build** [ɪ]	**built** [ɪ]	**built** [ɪ]	bauen
(to) **burn**	**burnt**	**burnt**	brennen, verbrennen
(to) **burst**	**burst**	**burst**	brechen, bersten, platzen
(to) **buy**	**bought**	**bought**	kaufen

infinitive	simple past	past participle	
(to) **catch**	**caught**	**caught**	(ein)fangen; erwischen
(to) **choose**	**chose**	**chosen**	wählen, auswählen
(to) **come**	**came**	**come**	kommen
(to) **cost**	**cost**	**cost**	kosten
(to) **cut**	**cut**	**cut**	schneiden; *(Rasen)* mähen
(to) **deal (with)**	**dealt**	**dealt**	sich kümmern (um); sich befassen (mit), behandeln *(z. B. Thema)*
(to) **do**	**did**	**done** [ʌ]	tun, machen
(to) **dig**	**dug**	**dug**	graben
(to) **draw**	**drew**	**drawn**	zeichnen
(to) **drink**	**drank**	**drunk**	trinken
(to) **drive** [aɪ]	**drove** [əʊ]	**driven** [ɪ]	fahren
(to) **eat** [iː]	**ate** [et, eɪt]	**eaten** [iː]	essen
(to) **fall**	**fell**	**fallen**	fallen
(to) **feed**	**fed**	**fed**	füttern
(to) **feel**	**felt**	**felt**	fühlen, sich fühlen
(to) **fight**	**fought**	**fought**	kämpfen, bekämpfen
(to) **find**	**found**	**found**	finden
(to) **fly**	**flew**	**flown**	fliegen

infinitive	simple past	past participle	
(to) **forget**	**forgot**	**forgotten**	vergessen
(to) **freeze**	**froze**	**frozen**	(ge)frieren; erstarren
(to) **get**	**got**	**got**	bekommen; (sich etw.) besorgen, holen
(to) **give** [ɪ]	**gave**	**given** [ɪ]	geben
(to) **go**	**went**	**gone**	gehen, fahren
(to) **grow**	**grew**	**grown**	anbauen; werden; wachsen
(to) **hang**	**hung** [ʌ]	**hung**	hängen
(to) **have**	**had**	**had**	haben
(to) **hear** [ɪə]	**heard** [ɜː]	**heard**	hören
(to) **hide**	**hid**	**hidden**	(sich) verstecken
(to) **hit**	**hit**	**hit**	treffen auf, schlagen, prallen, stoßen
(to) **hold**	**held**	**held**	halten
(to) **hurt**	**hurt**	**hurt**	verletzen; wehtun
(to) **keep**	**kept**	**kept**	(be)halten
(to) **kneel**	**knelt**	**knelt**	knien
(to) **know** [nəʊ]	**knew** [njuː]	**known** [nəʊn]	wissen; kennen
(to) **lead**	**led**	**led**	führen, leiten
(to) **leave**	**left**	**left**	lassen, zurücklassen, verlassen
(to) **lend**	**lent**	**lent**	(ver)leihen

infinitive	simple past	past participle	
(to) **let**	**let**	**let**	lassen
(to) **light**	**lit**	**lit**	anzünden
(to) **lose** [uː]	**lost**	**lost**	verlieren
(to) **make**	**made**	**made**	machen, herstellen
(to) **mean** [iː]	**meant** [e]	**meant** [e]	bedeuten; sagen wollen
(to) **meet**	**met**	**met**	treffen
(to) **pay**	**paid**	**paid**	(be)zahlen
(to) **put**	**put**	**put**	legen, stellen, stecken
(to) **quit**	**quit**	**quit**	aufhören (mit); kündigen, aussteigen
(to) **read** [iː]	**read** [e]	**read** [e]	lesen
(to) **reset**	**reset**	**reset**	zurücksetzen; resetten
°(to) **rewrite**	**rewrote**	**rewritten**	neu schreiben, umschreiben
(to) **ride** [aɪ]	**rode**	**ridden** [ɪ]	reiten; *(Rad)* fahren
(to) **ring**	**rang**	**rung**	läuten, klingeln
(to) **rise**	**rose**	**risen**	(an)steigen; sich erheben
(to) **run**	**ran**	**run**	rennen, laufen
(to) **say**	**said** [sed]	**said** [sed]	sagen
(to) **see**	**saw**	**seen**	sehen
°(to) **seek**	**sought**	**sought**	suchen

infinitive	simple past	past participle	
(to) **sell**	**sold**	**sold**	verkaufen
(to) **send**	**sent**	**sent**	senden, schicken
(to) **set**	**set**	**set**	stellen, legen, setzen
(to) **sew**	**sewed**	**sewn**	nähen
(to) **shake**	**shook**	**shaken**	schütteln
(to) **shoot**	**shot**	**shot**	(er)schießen
(to) **show**	**showed**	**shown**	zeigen
(to) **shut**	**shut**	**shut**	(ver)schließen
(to) **sing**	**sang**	**sung**	singen
(to) **sink**	**sank**	**sunk**	sinken
(to) **sit**	**sat**	**sat**	sitzen; sich setzen
(to) **sleep**	**slept**	**slept**	schlafen
(to) **slide**	**slid**	**slid**	schieben, gleiten (lassen)
(to) **speak** [iː]	**spoke**	**spoken**	sprechen
(to) **speed**	**sped**	**sped**	rasen, zu schnell fahren
(to) **spend**	**spent**	**spent**	*(Geld)* ausgeben, *(Zeit)* verbringen
(to) **spin**	**spun**	**spun**	(sich) drehen
(to) **spread**	**spread**	**spread**	verbreiten, sich ausbreiten
(to) **stand**	**stood**	**stood**	stehen

infinitive	simple past	past participle	
(to) **steal**	**stole**	**stolen**	stehlen, rauben
(to) **stick**	**stuck**	**stuck**	kleben; stecken; (haften) bleiben
(to) **sting**	**stung**	**stung**	stechen *(Insekt)*; brennen
(to) **sweep**	**swept**	**swept**	fegen, kehren
(to) **swim**	**swam**	**swum**	schwimmen
(to) **swing**	**swung**	**swung**	schwingen
(to) **take**	**took**	**taken**	(mit)nehmen; bringen
(to) **teach** [iː]	**taught** [ɔː]	**taught** [ɔː]	lehren, unterrichten
(to) **tell**	**told**	**told**	sagen; erzählen, berichten
(to) **think**	**thought**	**thought**	denken, glauben, meinen
(to) **throw**	**threw**	**thrown**	werfen
(to) **understand**	**understood**	**understood**	verstehen
(to) **wake up**	**woke up**	**woken up**	aufwachen; (auf)wecken
(to) **wear** [eə]	**wore** [ɔː]	**worn** [ɔː]	tragen *(Kleidung)*
(to) **win**	**won** [ʌ]	**won** [ʌ]	gewinnen
(to) **write** [aɪ]	**wrote**	**written** [ɪ]	schreiben

°Mit diesem Kringel sind Wörter markiert, die nicht zum Lernwortschatz gehören.

English sounds

[iː] green, he, sea
[ɑː] ask, class, car, park
[ɔː] or, ball, door, four, morning
[uː] ruler, blue, too, two, you
[ɜː] early, her, girl, work, T-shirt
[ɪ] in, big, expensive
[e] yes, bed, again, breakfast
[æ] animal, apple, black, cat
[ʌ] mum, bus, colour
[ɒ] song, on, dog, what
[ʊ] book, good, pullover
[ə] again, today, a sister
[i] happy, Turkey, coffee
[u] shoe, you, to

[eɪ] name, eight, play, great
[aɪ] I, time, right, my
[ɔɪ] boy, toilet, noise
[əʊ] old, no, boat, yellow
[aʊ] now, house

[eə] where, hair, share, their
[ʊə] tour
[ɪə] here, theatre, zero
[b] bike, table, crab
[p] pen, popular, shop
[d] day, window, good
[t] ten, butter, at
[g] go, again, bag
[k] kitchen, car, back
[m] man, remember, mum
[n] no, one, ten
[ŋ] wrong, uncle, thanks
[l] like, old, small
[r] ruler, friend, sorry
[w] we, where, one
[j] yes, you, uniform
[f] family, after
[v] very, seven, have
[s] six, poster, yes

[z] quiz, his, music, please
[ʃ] she, station, English
[ʒ] usually, treasure, garage
[tʃ] child, teacher, watch
[dʒ] job, German, project, orange
[θ] thing, three, bathroom, month
[ð] the, father, with
[h] house, who, behind
[x] loch

Am besten kannst du dir die Aussprache der einzelnen Lautzeichen einprägen, wenn du dir zu jedem Zeichen ein einfaches Wort merkst – das [eɪ] ist der *name*-Laut usw.

The English alphabet

a	[eɪ]	**e**	[iː]	**i**	[aɪ]	**m**	[em]	**q**	[kjuː]	**u**	[juː]	**y**	[waɪ]
b	[biː]	**f**	[ef]	**j**	[dʒeɪ]	**n**	[en]	**r**	[ɑː]	**v**	[viː]	**z**	[zed]
c	[siː]	**g**	[dʒiː]	**k**	[keɪ]	**o**	[əʊ]	**s**	[es]	**w**	['dʌbljuː]		
d	[diː]	**h**	[eɪtʃ]	**l**	[el]	**p**	[piː]	**t**	[tiː]	**x**	[eks]		

Wie und wo lerne ich Vokabeln?

1 Führe dein Vokabelheft, deine Vokabelkartei oder Computer-Vokabelliste aus Klasse 9 weiter. Du lernst neue Vokabeln am besten an einem ruhigen und aufgeräumten Platz. Für unterwegs kannst du sie dir aufs Handy sprechen oder per Vokabeltrainer-App üben.

2 **Du merkst dir neue Wörter noch besser, wenn du ...**

a sie unter Oberbegriffen sortierst und diese z.B. auf Karteikarten sammelst (Vorderseite: Oberbegriff; Rückseite: passende Wörter dazu, ggf. mit Illustrationen).

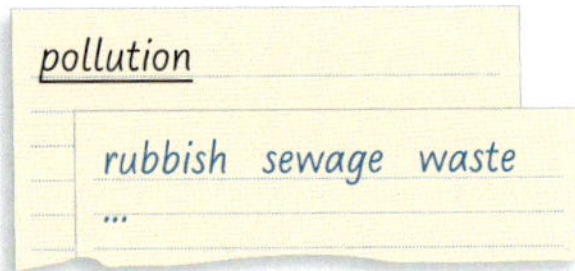

b Wörter, die zu einem Wortfeld gehören, in einem *word web* (Wortnetz), einer Tabelle oder einem Diagramm strukturierst.

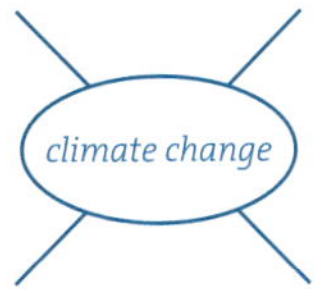

c **Synonyme** und Antonyme, also **Gegensatzpaare**, sammelst (→ SF 13.2).

Vokabeltrainer-Apps

Vokabeltrainer-Apps bieten neben den abwechslungsreichen Aufgaben mit Informationen über Bedeutung und Aussprache zusätzliche Vorteile:

- Du kannst deinen eigenen Wortschatz eingeben und gezielt üben – auch unterwegs.
- Wortschatz kannst du als Karteikarten anzeigen und vorlesen lassen.
- Es gibt zusätzlich aufeinander aufbauende interaktive Möglichkeiten des Wiederholens und Übens.
- Dein Lernfortschritt wird in Statistiken dokumentiert.

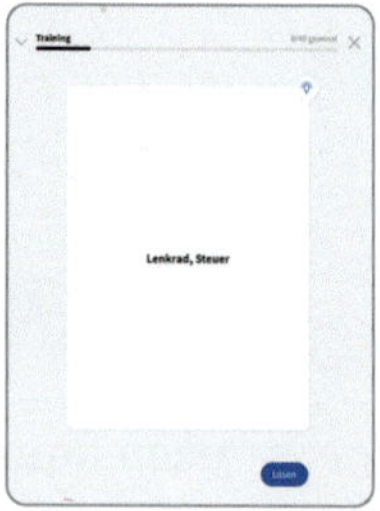

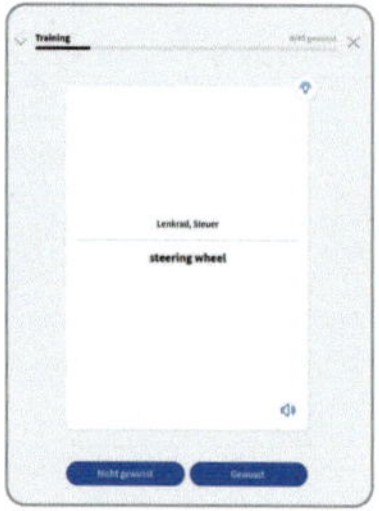